安徽高校自然科学重点研究项目（KJ2021A0475）资助
安徽财经大学校级重点科研项目（ACKYB20010）资助

蓄滞洪区农户迁移决策与激励机制研究

以城西湖蓄洪区为例

王 娜　施国庆 ◎ 著

中国财经出版传媒集团
经济科学出版社
Economic Science Press

图书在版编目（CIP）数据

蓄滞洪区农户迁移决策与激励机制研究：以城西湖蓄洪区为例/王娜，施国庆著 . -- 北京：经济科学出版社，2021.12
ISBN 978 - 7 - 5218 - 3319 - 5

Ⅰ.①蓄… Ⅱ.①王… ②施… Ⅲ.①蓄洪-移民-研究-中国 Ⅳ.①D632.4

中国版本图书馆 CIP 数据核字（2021）第 265413 号

责任编辑：顾瑞兰
责任校对：李　建
责任印制：邱　天

蓄滞洪区农户迁移决策与激励机制研究——以城西湖蓄洪区为例
王　娜　施国庆　著
经济科学出版社出版、发行　新华书店经销
社址：北京市海淀区阜成路甲 28 号　邮编：100142
编辑部电话：010-88191217　发行部电话：010-88191522
网址：www.esp.com.cn
电子邮箱：esp_bj@163.com
天猫网店：经济科学出版社旗舰店
网址：http://jjkxcbs.tmall.com
固安华明印业有限公司印装
710×1000　16 开　13.25 印张　200000 字
2022 年 4 月第 1 版　2022 年 4 月第 1 次印刷
ISBN 978 - 7 - 5218 - 3319 - 5　定价：66.00 元
(图书出现印装问题，本社负责调换。电话：010-88191510)
(版权所有　侵权必究　打击盗版　举报热线：010-88191661
QQ：2242791300　营销中心电话：010-88191537
电子邮箱：dbts@esp.com.cn）

前　言

我国是洪涝灾害比较严重的国家，在洪水高风险中求生存、谋发展是我国的基本国情。中国特色的蓄滞洪区移民是政府风险管理的一种重要手段，相对于以往自然灾害发生后而开展的移民活动，主动地将不安全群众搬迁至安全区域，是政府管理职能模式的创新，具有前瞻性，可以规避灾后移民带来的巨大社会难题。实施蓄滞洪区移民是坚持以人为本的具体体现，体现了政府从"因灾移民"向"因险移民"观念和策略的跨越。

在坚持移民自愿前提下，有计划地减少生活在蓄滞洪区土地上的人口数量是我国蓄滞洪区长期发展的目标。鼓励蓄滞洪区农户主动搬迁、彻底摆脱洪水的威胁，是中国特色社会主义核心价值观的体现。然而，蓄滞洪区移民理论的研究却没有跟上实践的步伐，理论上缺乏先进性和指导性，尤其是缺乏农户视角的研究。基于此，本书依据管理学、灾害学、社会学、经济学和人口学等相关理论和方法，结合现有研究成果与淮河流域蓄滞洪区移民实践，以行为决策理论为框架指导，分析了蓄滞洪区农户迁移的动力机制、迁移态度、迁移意愿及迁移决策行为，并基于博弈分析提出了蓄滞洪区移民的激励机制理论框架，从而把握农户对移民政策的响应程度，预测政策实施的效果，为蓄滞洪区移民迁建工作的顺利实施提供理论上的依据，为政府更有效地完善蓄滞洪区移民政策与法规提供理论支持。

从环境治理和社会平等的理念出发，加快实现蓄滞洪区移民，变多次的临时撤退为一次性的永久迁移，无疑是应该的，也是最理想的。本书以农户为基本单元、以淮河流域城西湖蓄洪区未搬迁农户为调研对象，研究蓄滞洪区移民中农户的迁移决策问题及其激励机制。主要研究成果及结论如下。

（1）蓄滞洪区农户迁移的动力机制分析。根据"推—拉"理论，提出了蓄滞洪区农户迁移的动力机制，包括迁出地生存条件与发展条件的制约、安置地的拉力与阻力、政府的大力推动作用与存在的问题、农户的内在驱动力与阻力，并运用社会学理性选择理论分析了农户迁移动力产生的深层机理，认为生存理性是 2003 年和 2007 年灾后移民搬迁的动因，当前农户迁移动力的深层机理主要遵循经济理性和社会理性逻辑。

（2）蓄滞洪区农户迁移态度调查与分析。调查分析农户的迁移态度，具体包括农户对移民的认知情况、判断情况和行为倾向的调查分析。从调查统计的情况看，绝大多数农户对国家实施移民迁建政策持拥护态度，少数存有疑虑，少数持不赞成态度。可见，有迁移动因和移民行为倾向的潜在移民者人数众多，但并不是潜在的移民都会成为现实的移民。愿意迁移的主要原因排序如下：现居地不安全、每年夏季遭受雨水之患、便于从事副业或外出打工、为了孩子的教育或婚嫁、改善生产生活环境、响应政府号召等。而不愿意迁移的主要原因排序如下：移民补助标准太低、无钱搬迁、耕种不便、安置地位置太差、面临失业、生活成本提高、年龄大不愿意搬迁、自家刚建新房等。愿意迁移的农户占 31%，而不愿意迁移的农户占 69%，当前农户的整体迁移意愿不高。

（3）蓄滞洪区农户迁移意愿影响因素分析。构建了蓄滞洪区农户迁移意愿的内外部影响因素框架体系，内部影响因素包括户主特征、家庭特征和农户经济与土地特征，外部影响因素包括农户所在村特征、安置地特征和政策因素。结合城西湖蓄洪区农户问卷数据，采用 Logistic 二元回归分析方法，得到对蓄滞洪区农户迁移意愿起正向影响作用的因素：户主受教育程度、户主外出务工经历、户主对移民的预期收益、有无学龄子女、非农收入比重、村离集镇的距离、村地势低洼程度、安置地区位、安置地基础设施、移民补助标准的合理性、政策宣传透明度；负向影响作用的因素：户主年龄、家庭规模、家庭年人均收入和耕种距离。提高蓄滞洪区农户整体迁移愿意的主要方法：一是提高移民补助标准，二是选择区位较好的移民安置地，三是优先选择那些所在村整体地势较低洼、位置偏僻、交通不便、离集镇距离较远、洪水危险程度高的农户家庭。另外，有学龄子女、非农收入比重较大及贫困户家庭的迁移意愿也相对较高，要重点关注当前这部分人的需求，合理引导，提高他们的迁移意愿。

（4）蓄滞洪区农户迁移决策行为机理研究。总结了农户迁移决策行为的两种模式：自主理性决策模式和从众决策模式，运用社会学理性选择理论分析了农户迁移决策的理性选择逻辑。基于 TPB 理论分析框架，采用 SEM 对城西湖蓄洪区的 268 个调查样本进行定量分析。研究表明，农户迁移决策行为的形成过程遵循"意愿→行为"这一路径，其中，知觉行为控制是农户迁移意愿和迁移决策的关键影响因素，态度和主观规范是有效影响因素。并进一步提出了蓄滞洪区农户迁移决策过程的理论模型，总结分析了农户迁移决策过程的 5 个阶段：移民压力形成阶段、迁移动机形成阶段、估算移民预期收益阶段、决策实施阶段、移民后评价，并分析了各阶段的农户心态。

（5）基于博弈分析的蓄滞洪区移民激励机制设计。分析了地方政府和农户的利益目标与行为逻辑，运用博弈理论，分析二者的利益博弈行为和博弈均衡，得到两个纯战略纳什均衡和一个混合战略纳什均衡。研究认为，当地方政府选择实施移民政策的概率及农户选择移民的概率都越高，则博弈结果越有利于实现政府主导下的农户自愿移民。基于博弈分析，围绕移民的对象——农户和责任主体——地方政府，设计蓄滞洪区农户迁移的激励机制和地方政府移民的激励机制，构建农户与地方政府协同联动的移民激励机制理论框架，并提出了相关政策建议。

目 录

第1章 绪论 (1)
  1.1 研究背景、研究目的与意义 (1)
  1.2 文献综述 (6)
  1.3 相关概念与理论基础 (16)
  1.4 技术路线与研究方法 (24)
  1.5 主要研究内容与创新点 (27)

第2章 蓄滞洪区移民问题及理论分析框架 (30)
  2.1 蓄滞洪区移民的历史演变 (30)
  2.2 蓄滞洪区移民的必要性与可行性 (38)
  2.3 淮河行蓄洪区移民政策 (41)
  2.4 主要问题与研究启示 (50)
  2.5 理论分析框架 (53)
  2.6 小结 (57)

第3章 蓄滞洪区农户迁移的动力机制分析 (59)
  3.1 迁移动力的形成机理及运行过程 (59)
  3.2 农户迁移动力机制的综合分析 (62)
  3.3 农户迁移动力产生的深层机理 (69)
  3.4 小结 (70)

第4章 蓄滞洪区农户迁移态度调查分析 (71)
  4.1 理论基础：态度与行为理论 (71)
  4.2 研究区域与数据来源 (73)
  4.3 农户迁移态度调查结果与分析 (78)
  4.4 小结 (89)

第5章 蓄滞洪区农户迁移意愿影响因素分析 (91)
  5.1 农户迁移意愿影响因素框架构建 (92)

5.2 农户迁移意愿的内部影响因素 ……………………… (92)
5.3 农户迁移意愿的外部影响因素 ……………………… (98)
5.4 蓄滞洪区农户迁移意愿影响因素实证分析 ………… (102)
5.5 小结 …………………………………………………… (116)

第6章 蓄滞洪区农户迁移决策行为机理研究 ……………… (118)
6.1 蓄滞洪区农户迁移决策模式 ………………………… (119)
6.2 蓄滞洪区农户迁移决策的理性选择逻辑 …………… (120)
6.3 基于TPB理论的蓄滞洪区农户迁移决策行为研究 … (123)
6.4 蓄滞洪区农户迁移决策过程模型 …………………… (132)
6.5 小结 …………………………………………………… (140)

第7章 激励蓄滞洪区农户迁移的机制设计 ………………… (141)
7.1 蓄滞洪区移民中的利益相关者 ……………………… (141)
7.2 农户与地方政府之间的利益博弈 …………………… (144)
7.3 基于博弈分析的蓄滞洪区移民激励机制设计 ……… (154)
7.4 蓄滞洪区移民的实施建议 …………………………… (165)
7.5 小结 …………………………………………………… (170)

第8章 结论与展望 …………………………………………… (172)
8.1 主要研究结论 ………………………………………… (172)
8.2 研究不足与展望 ……………………………………… (175)

附录 ……………………………………………………………… (177)
参考文献 ………………………………………………………… (183)

第 1 章 绪 论

1.1 研究背景、研究目的与意义

1.1.1 研究背景

1.1.1.1 防洪形势严峻，蓄滞洪区成防洪体系的薄弱环节

洪水是最严重的自然灾害之一[1]，洪涝灾害的发生率、洪水导致的死亡率及受洪水影响的人口数在全球范围内呈上升趋势[2]。1994~2013 年，洪涝灾害占全球自然灾害的 43%，造成 25 亿人受灾，16 万人死亡[3]。人口增长、城市化进程加快、产业快速发展，特别是对土地的不合理开发，加大了其破坏程度[4]。中国是世界上自然灾害最严重的国家之一，洪涝灾害频发。1949 年新中国成立以来，特大洪水多次出现，损失巨大，严重威胁到人民生命财产的安全。

蓄滞洪区和水库、堤防共同构成了我国的防洪工程体系。如果说水库是防洪的第一道防线，那么蓄滞洪区则被称为防洪"最后一道保险"。在人口少、人口密度低的年代，江河两岸分布的湖泊和洼地便天然地成为超量洪水的蓄滞场所。但是，随着人口的增长和人口密度的提高，人类不断地围湖造田，缩小了洪水宣泄的空间，导致洪水漫溢，给区内群众带来巨大的洪涝灾害风险[5]。尤其遇到突发性的大洪水时，由于河道没有足够的空间，只能开辟一块新的地方来临时蓄存洪水，这时，蓄滞洪区开始发挥水

库的功能，用来临时滞蓄超额洪水。此时，区内居民必须紧急撤退转移，给洪水让空间。当洪水退去，居民再次回到满目疮痍的家，开始重建家园。如此往复，给群众的生活和生产带来巨大的损失，导致蓄滞洪区成为全国贫困人口集中区域。

蓄滞洪区自设立以来，其安全建设与管理一直存在严重的滞后性，无法有效保障区内居民的生命财产安全，蓄滞洪区已成为中国水利建设中的一大痼疾。在防洪形势日益严峻的今天，应将蓄滞洪区建设作为今后全国防洪建设的重点[6]。

1.1.1.2　缓解人水争地矛盾是解决蓄滞洪区问题的根本途径

蓄滞洪区具有分蓄洪水、居民生活生产等多种功能，受功能定位的制约，洪水时常危害居民生命财产安全。人类活动对区内生态环境的严重破坏导致区内湿地面积不断减少，人水争地问题突出[7]。解决蓄滞洪区问题最终需要通过抑制人口增长或人口迁移来实现，但现实情况却出现了一些不可逆转的趋势，如区内建房投入随着打工人数和收入的增加而增加，导致蓄滞洪区的启用成本和启用难度系数也在不断上涨。长期来看，这会使蓄滞洪区问题呈现越来越重的趋势，管理难度加大。在人水争地的前提下，如何改善蓄滞洪区内居民生产生活条件这个问题是无解的。从长远来看，出路只有两个："让地与水"或"让地与民"[8]。防洪蓄水是蓄滞洪区设立的第一重要功能，因此，实现人口控制和人口转移是蓄滞洪区长远发展的关键。

1.1.1.3　推动蓄滞洪区人口迁移势在必行

当自然灾害的冲击力大到人类无法适应时，从灾难区迁移也许是最佳方案[9]，迁移是人类最有效的应对自然灾害的方案之一[10-11]。对蓄滞洪区群众来说，在保障了生命和财产安全后，如何生存依然是个难题。蓄滞洪区移民是变多次的临时撤退为一次性的永久搬迁，移民安置是解决蓄滞洪区问题的长期战略[12]，是实现蓄滞洪区防洪安保功能的客观要求[13]。远离洪水的威胁、将居民安置在安全地区，是蓄滞洪区安全建设的宗旨，其长远方向应当是使区内人口逐步外迁。根据安徽省水利厅数据，自居民迁建工程实施以来，1991年安徽沿淮已使用的蓄滞洪区转移了100万人，2003年转移了22万人，2007年仅转移了1万人，撤退转移时间大大缩短，保证了蓄滞洪区及时启用，降低了经济损失。

蓄滞洪区移民迁建事关重大，必须从长远利益的角度，从民生的高度看待移民问题。现阶段实施的蓄滞洪区移民是减灾防灾、造福移民的战略举措，是国家从"因灾移民"向"因险移民"观念与策略的转变。移民可以从根本上解决群众生命财产的安全问题，有计划地减少生活在蓄滞洪区的人口数量是蓄滞洪区发展的长远目标。

1.1.1.4 我国蓄滞洪区移民的相关政策背景

2003年淮河大水，导致60万人紧急撤退转移。大规模的人口紧急转移不仅耗费了政府巨大的财力，也给群众的生产、生活带来了困难和不便。借鉴长江流域退田还湖、移民建镇的工作经验，淮河行蓄洪区移民安置于2003年底开始实施，到2005年底，17.30万人进行外迁安置。[①] 2007年淮河大水，转移人口大幅减少，继续安排实施移民迁建，累计解决11.02万户、39.31万人的安居问题。[②]

淮河流域蓄滞洪区启用标准普遍较低，人口密集，人水矛盾突出。近年来，国家发改委、水利部高度重视淮河行蓄洪区居民迁建。2010年6月，《安徽省淮河行蓄洪区及淮干滩区居民迁建规划》出台，自2011年以来，安徽省发改委、水利厅依据已批复的迁建规划，先后批复了2010年、2011年居民迁建实施方案，共计14028户、47005人。2016年2月，《安徽省淮河行蓄洪区及淮干滩区居民迁建规划（修编）》出台，提出用10年时间基本完成安徽省沿淮行蓄洪区和淮干滩区的移民迁建工作。

特别是近几年，《安徽省淮河行蓄洪区及淮干滩区居民迁建规划（修

---

① 刘慧萍. 安徽省淮河行蓄洪区人口外迁安置初步研究［J］. 工程与建设，2007，21（1）：94-96.

② 数据来源于安徽省水利水电勘测设计院的《安徽省淮河行蓄洪区及淮干滩区居民迁建规划（修编）》（皖水规计〔2016〕57号）。

编）》《安徽省人民政府关于进一步加强行蓄洪区脱贫攻坚工作的若干意见》《安徽省淮河行蓄洪区安全建设规划（2018—2025年）》《安徽省淮河行蓄洪区人口控制规划（2018—2025年）》等一系列有关行蓄洪区居民迁建的政策密集出台，"稳步推进居民迁建，加快补齐发展短板，推进城乡融合发展，确保同步全面建成小康社会"的呼声越来越高。2018年恰逢淮河生态经济带建设上升为国家战略，蓄滞洪区移民问题研究迎来了重要契机。

1.1.1.5 实践的需要

在上述政策背景和现实需求下，通过移民方式根本解决区内群众防洪安全问题、避免大规模人口转移，是十分必要和迫切的[14]。移民迁建工程兼顾蓄洪避灾、扶贫、发展等目标，是大势所趋，然而，移民的安置问题成了最大的困难[15]。移民是一个复杂的系统工程，涉及人口、经济、社会、土地、生态等问题，直接关系到移民群众的切身利益，关系到移民家庭的生活与生产，关系到蓄滞洪区社会稳定和经济发展。是否移民，农户拥有选择权，他们的迁移决策行为是蓄滞洪区移民迁建顺利推进与否的关键。因此，从农户的角度，分析移民前农户的迁移决策心态及行为、探索和建立蓄滞洪区移民的激励机制，成为完善蓄滞洪区移民政策、加快推进移民进程的重要课题。

本书主要以淮河行蓄洪区作为研究对象，必要时也拓展到全国的蓄滞洪区。

1.1.2 研究目的

丰富人口迁移理论、服务于蓄滞洪区移民实践，是研究蓄滞洪区农户迁移决策问题的重要目的。蓄滞洪区移民迁建是我国移民史上客观存在的问题，然而长期以来，众多学者对水库移民、生态移民、气候移民等相关问题做了大量有价值的研究，对于易地扶贫移民问题的研究近几年也大量涌现，但对蓄滞洪区移民问题鲜有专门的系统的研究，而蓄滞洪区农户迁移决策与激励机制的研究目前尚属空白。之所以选择从农户视角研究蓄滞洪区移民中的迁移决策与激励机制，目的有以下四个。

一是弄清蓄滞洪区移民问题本身，包括蓄滞洪区移民的历史演变、必要性与可行性、特点、目标与移民政策等。

二是在国家、省级政府相关移民政策制定后，蓄滞洪区农户将做出何种决策行为（意愿）。农户的迁移决策是蓄滞洪区移民迁建顺利推进与否的关键，通过调查分析农户迁移的动力机制与迁移态度，研究农户的迁移意愿与迁移决策行为、了解农户的迁移决策心理和决策行为过程、把握农户对移民政策的响应程度，这是本书最主要的目的。

三是建立蓄滞洪区移民的激励机制，完善蓄滞洪区移民政策规划体系，对实现、促进蓄滞洪区移民工作有一定的借鉴和启发意义。

四是争取对人口迁移理论有新的认识和新的收获。人口迁移理论是指导本书的理论出发点，也是有待检视的终点。

1.1.3 研究意义

1.1.3.1 理论意义

从理论上看，目前蓄滞洪区移民的理论研究相对不多，尤其是基于农户视角进行的研究几乎没有，定量研究缺乏。自愿移民的前提条件是要充分尊重农户的意愿，确保农户有知情权和参与权，保障农户的决策权。农户迁移意愿如何？农户在蓄滞洪区移民中会做出何种反应？农户是否迁移的理论决策过程等尚不明确。本书在充分了解和探讨农户迁移的动力机制、迁移态度的基础上，重点分析了农户迁移意愿与迁移决策机理及其过程，建立蓄滞洪区移民的激励机制，深化了蓄滞洪区移民的理论研究，为蓄滞洪区移民迁建工作的顺利实施提供理论上的依据，为政府更好、更准确、更有效地完善蓄滞洪区移民政策与法规提供理论支持，同时也丰富和发展了人口迁移理论、蓄滞洪区可持续发展理论。

1.1.3.2 实践意义

实践表明，移民工程能彻底解决群众居住安全、减轻洪水压力，是一项政府主导的富民工程。如何安排蓄滞洪区农户的有序迁移是一个十分值得深入研究和思考的课题。蓄滞洪区移民是"自愿"性质的移民，意味着迁与不迁的决定权在农户手里。可见，农户的迁移决策行为攸关蓄滞洪区移民迁建能否顺利推进。本书对于如何进一步引导和激励农户的迁移决策行为具有实践指导意义，是确保蓄滞洪区移民迁建稳定进行的重要前提条件，同时也是加快蓄滞洪区经济社会发展、实现区域精准脱贫目标的重要基石。

1.2　文献综述

1.2.1　国外蓄滞洪区研究

1.2.1.1　蓄滞洪区利用经验

在美国，蓄滞洪区称为洪泛区（flood plain），洪泛区是因洪水而可能受淹的海岸、湖岸以及沿河低地。美国"洪泛区管理之父"吉尔伯特（Gilbert F. White）教授曾说，"洪水是天灾，但洪水损失很大程度上是人祸"[16]。20世纪90年代初，"给河流洪水以空间"是美国开始提倡的新的治水理念，拆除大堤，让河水重新流回洪泛区、河流湖泊中。美国设置蓄滞洪区时，给居民一次性的赔偿，将其迁出，但他们仍然可以在蓄滞洪区经营农业，蓄洪风险由居民自己承担[17]。

国外的蓄滞洪区主要是农田、森林和湿地，基本无人居住。欧洲国家由于国土面积有限，在建设蓄滞洪区时，考虑了多方面的综合效益。法国没有专门设置蓄滞洪区，城市较低地区或河道两岸滩地的公园、绿地、球场、停车场、道路等，在洪水来临时都可以作为调蓄洪水的场所，平时作为一般的道路、休闲娱乐、运动场所。与法国类似，德国的蓄滞洪区平时作为自然公园使用，洪水来袭时又可以起到蓄滞洪水、削减洪峰的作用。在澳大利亚，政府专门开发一些无人居住的地方为湿地，可以发挥临时蓄滞洪水、存储雨水资源、改善生态环境的重要作用。

印度在1945年的大洪水后实行了洪泛区划分，对不同频率洪水的地区实行不同的经济政策；道路交通和居住区位置提高；重视洪水预报和洪水警报。日本的蓄滞洪区面积较小，国家统一收购区内土地，私人无土地使用权，不得在蓄滞洪区建设住宅，有比较完善的基础设施。汛期用来蓄滞洪水，平时作为自然保护区，或被开发成公园，可以野营、垂钓等。渡良濑蓄滞洪区是日本最大的蓄滞洪区，1973年日本对其开始了综合开发利用，使蓄滞洪区兼具防洪、改善生态环境、调节河道、休闲娱乐、美化景观等功能，自然地成为旅游景区。

1.2.1.2 城市蓄滞洪区及其综合效益研究

国外学者较为关注城市蓄滞洪区，研究点主要在城市蓄滞洪区的各种功能上，如陈（Chen，2006）分析了城市蓄滞洪区对雨水水质的影响[18]。埃利奥特（Elliott，2007）认识到蓄滞洪区的排水效果，以及其对水质和周围环境的影响[19]。布林（Breen，1994）以澳大利亚克兰本市为例，提出了城市蓄滞洪区与湿地的综合运用模式[20]。安多（Andoh，1997）分析了城市蓄滞洪区并将其资源化的成本和效益[21]。米格斯（Miguez，2009）认为，城市防洪的关键是建立分布式的蓄滞洪区[22]。

综上所述，国外蓄滞洪区的特点：一是基本无人居住，所以不存在移民问题；二是预警时间较长，预警系统完善；三是实行一次性补偿；四是欧美国家的蓄滞洪区建设充分考虑多方面的综合效益。中国特殊的国情和防洪形势与美国、日本、法国等国家不同，所以我们的蓄滞洪区管理只能走一条具有中国特色的道路，对于国外的经验，只能结合我国的实际有选择地借鉴，而不能照搬照抄，简单套用。

1.2.2 国内蓄滞洪区移民相关研究

1.2.2.1 蓄滞洪区移民安置相关研究

刘树坤（1999）重点从鼓励移民方面探讨了蓄滞洪区可持续发展的政

策[23]。王东胜等（2001）探讨了鼓励行蓄洪区移民的政策[24]。刘树坤等（2001）以淮河东风湖行蓄洪区移民建镇为例，阐述行蓄洪区移民建镇的思路[25]。尚金桂（2006）以蒙洼蓄洪区为例，探讨了城镇化背景下水利移民安置与城镇化建设相融合问题[26]。王九大（2008）研究指出，解决蓄滞洪区问题最终需要通过抑制人口增量或人口迁移来实现[27]。徐超（2009）分析了洞庭湖蓄滞洪区人口安置的模式、问题及成因，并提出了改善人口安置的对策[28]。沈和（2011）提出，蓄滞洪区人口管理的终极目标是将区内人口迁移，使其脱离对土地的依赖[29]。李原园等（2010）提出，从根本上解决蓄滞洪区人民群众生命财产安全问题的关键是实施人口外迁，主导模式应为蓄滞洪区外安置[30]。王海菁（2015）以康山蓄滞洪区为例，研究了避洪转移安置问题[31]。王再明等（2016）认为，应建立蓄滞洪区运用供给保障配套机制，并研究了蓄洪期间的临时安置补助标准[32]。

1.2.2.2 蓄滞洪区移民公平发展与生态补偿研究

詹存卫等（2002）指出，蓄滞洪区有追求自身发展的权利，其可持续发展的核心问题是公平性[33]。杨昆（2007）提出，应当采取措施保障蓄滞洪区及区内居民的公平发展权利[34]。李原园（2010）认为，蓄滞洪区最大的问题，一是人多，二是贫穷，三是动荡，解决区内居民的生存和发展问题已陷入两难境地[30]。

蓄滞洪区生态补偿问题近几年引起了学者的关注。杜霞（2011）分析了蓄滞洪区生态补偿的相关问题[35]。刘定湘等（2014）认为，开展蓄滞洪区生态补偿，对促进区内经济社会发展和持续改善区内居民生活条件有重大意义[36]。彭贤则等（2015）以洪湖分蓄洪区为例，对分蓄洪区的生态补偿机制进行了研究[37]。

1.2.2.3 蓄滞洪区移民风险相关研究

刘慧萍（2011）认为，蓄滞洪区移民安置点选择如果不合理，将会引起移民返迁，所以要对蓄滞洪区移民外迁安置点进行优选，以降低由此带来的移民安置风险[12]。王翔等（2015）调研发现，蓄滞洪区安全建设滞后，经济社会发展面临较高风险,群众风险意识不强[38]。侯传河等(2010)提出,建立蓄滞洪区洪水风险管理制度,对人口、土地、经济发展等活动实施风险管理[15]。这是国内学者首次比较明确地提出针对蓄滞洪区人口的风险管理,预示着蓄滞洪区移民风险管理研究提上日程。林韬(2017)以澧江蓄滞洪区为例,分析其社会稳定风险问题,并制定相应的风险防范措施[39]。袁以美等(2018)针对蓄滞洪区项目及其社会稳定风险特点,进行了社会稳定风险模糊层次熵权耦合分析[40]。

1.2.2.4 蓄滞洪区其他方面的研究

国内的水利专家和学者们都十分关注蓄滞洪区,当前的关注点主要在以下几个方面:蓄滞洪区的制度建设和管理模式(沈和等,2011;郎劢贤,2015)[41-42]、洪灾风险及风险管理(毛春梅等,2016;彭贤则等,2016)[43-44]、湿地化模式与多目标利用研究(宋豫秦等,2014;李燕等,2014;盛海峰,2017)[45-47]。近几年,随着城市洪涝灾害的频繁出现,有关城市蓄滞洪区的综合利用研究逐渐增多,刘永琪等(2012)和于卫红等(2012)分别研究了北京和济南的城市排涝问题,提出要在城市的排涝规划中充分发挥砂石坑等蓄滞洪区的综合利用价值[48-49]。杨鸣婵等(2016)研究了北京市蓄滞洪区工程建设与管理问题[50]。张桂芳(2016)以胖头泡蓄滞洪区为例,研究了在哈尔滨市的防洪体系中,蓄滞洪区的地位与功效[51]。

1.2.3 有组织的避灾移民研究

政府主导的有组织的移民,多为气候和环境变化背景下的搬迁[52-53]。按照移民发生时间的不同,里士满(Richmond,1993)将环境导致的移民划分为主动移民和应激移民[54]。所谓有组织的避灾移民即为主动移民,或称作避险型人口迁移,是一种主动防御灾害的行为。

1.2.3.1 国外避灾移民研究

避灾移民(preventive resettlement)也称预防性移民,是对居住在灾害风险较高地区的全部或部分居民的重新安置[55]。避灾移民主要是在极易发生自然灾害的地区,在灾害来临前,将人口搬离灾害频发易发区的灾害管理的措施[56-57]。避灾移民具有迁移往复性,灾害发生前,移民迁移到安置点,灾害发生过后,移民又返回原居住地[58]。虽然避灾移民能够规避自然灾害的风险威胁和减轻贫困,但重新安置本身具有一定的社会风险[59],若规划或落实不当,避灾移民的目标不仅未能达到,还会带来新的问题[60],因此,在其他防灾减灾办法和扶贫手段乏力失效或成本高于搬迁的情况下,才实施避灾移民计划[61]。当洪水、飓风、地震等自然灾害突然降临时,作为一种有效的自我防护机制,移民可以避让风险、减少损失[62]。当一个地方因为灾害频发缺乏起码的生存条件时,迁移就成了唯一的选择[63]。相对于自然灾害导致的被迫迁移,自愿迁移是一个积极的多元化策略[64-65]。科雷亚(Correa,2011)指出,预防性移民具有保障生命安全、减少财产损失、减少过渡性防灾设施的投入,以及降低教育医疗服务的中断等优势[66]。冈田等(Okada et al., 2014)强调了社区参与、政府与社会力量的参与在组织性移民中的重要作用[67]。也有不少文献研究由政府主导的灾后组织移民(post-disaster resettlement),并指出在实施中存在的问题,包括缺乏快速决策的能力、忽视移民参与需求、搬迁地点缺乏基本的基础设施等[68-70]。

1.2.3.2 国内避灾移民研究

在当下的中国,与生态移民和易地扶贫移民相比,灾害移民研究尚未引起足够的重视[71],学界对灾害移民,特别是避灾移民的有关研究较为匮乏[72]。最早提出环境移民与灾害移民概念的国内学者是徐江,他将环境移民分成三类:环境灾害移民、环境生态移民和环境污染移民[73]。国内对灾害移民的定义、类型、特点等研究的代表性学者有施国庆、陈勇等。施国庆(2009)提出灾害移民的定义,并按移民实施的时间,将其分为预防性移民、应急移民和灾后移民[74]。陈勇(2009)根据人口迁移时间,将灾害移民分为避险型灾害移民和受灾型灾害移民[75]。陈勇(2013)分析了避灾扶贫移民搬迁优势、风险和机遇[76]。

截至2019年1月,以"避灾移民"为主题,通过CNKI查询到的期刊文献共有 71 篇，其中，中文核心期刊及以上共 22 篇，最早出现的研究是在 2011 年。其中，何得桂的贡献最多，他主要是结合陕南避灾移民活动实践，分析了避灾移民的迁移机理、制约因素、政策响应、政策执行偏差、搬迁风险及规避策略等[77-81]。国亮（2017）研究了陕南避灾移民搬迁意愿及其影响因素[82]，杨宝国（2018）分析了陕南避灾扶贫移民的困境与路径[83]。王海宝等（2016）构建了三峡库区地质灾害避灾移民风险评价指标体系[84]。胡子江等（2018）从灾害经济学视角探讨避灾移民，分析其风险与机遇，并提出对策以减少移民风险[85]。

另外，魏玮（2013）首次提出预防性移民的概念，作为环境移民的一个分支，用以区别生态移民和灾害移民[86]，刘呈庆等（2015）以生态高危区为案例，研究了预防性移民搬迁意愿的影响因素[87]。

1.2.3.3 有组织的自愿移民研究

在我国，移民主要有三种形式：自发性移民、非自愿移民、有组织的自愿移民（唐丽霞，2005）[88]。自发性移民主要是人口的乡城迁移。非自愿移民是由于开发项目引起的移民，主要指工程移民。有组织的自愿移民主要是指在政府配套政策吸引或支持下自愿的搬迁行为，易地扶贫搬迁移民、生态移民和蓄滞洪区移民都属于有组织的自愿移民的范畴。

覃明兴（2007）提出，自愿性移民是指生态贫困地区的贫困人口向政府组织的条件较好地区迁移的活动[89]。1983 年，中国开始实施有组织的自愿移民，宁夏三西地区最先实施。施国庆等（2010）对扶贫移民工作思路的探讨，拉开了学术界对扶贫移民的研究热潮[90]。尤其是自 2015 年开始，研究的主题呈现多样化趋势，研究地区更加广泛，以扶贫政策执行困境和偏差（何得桂，2016；叶青，2016）[91-92]，以及移民政策需求（曾小溪，2017）[93]研究为代表，对移民搬迁后的生计变化及可持续的探讨（李聪，2018；汪磊，2016；黎洁，2017）[94-96]，以及从宅基地有偿退出角度谈易地扶贫（姚树荣，2017）[97]、易地扶贫搬迁的后续产业问题（侯茂章，2017；袁航，2017）[98-99]也是研究的热点问题。

1.2.4 有关家庭迁移决策的研究

家庭迁移决策的研究以新古典经济学为代表。20 世纪 70 年代，国外学者开始关注家庭的迁移决策，将家庭视作微观决策主体，建立经济模型，指出家庭净收益最大化是家庭迁移的最终目的[100-101]。

1.2.4.1 家庭迁移决策机理研究

与个体决策不同，家庭决策属于多决策主体的联合决策（姜海纳，2018）[102]。有学者认为，家庭决策是一个追求"和谐决策"的过程[103]。在经济不确定条件下，家庭最小化风险的方式可以通过家庭成员的向外迁移来实现[104]。国内学者在研究家庭迁移决策时关注点在迁移收益上，如蔡昉（1997）认为，家庭迁移决策是基于最大限度地增加家庭移民的预期收入[105]。王小璐等（2004）发现，影响三峡移民迁移态度的最大因素是移民对于搬迁的经济考量，政策宣传因素和社会资本评价因素的影响次之[106]。王国辉（2007）建立了农村移民家庭净收入最大化模型，研究家庭决策行为[107]。盛亦男（2014）指出，影响家庭迁移决策的最重要因素是获取更高的经济收益[108]。程丹等（2015）通过对移民五大生计资本的收益变动角度提出搬迁决策[109]。马瑞等（2011）提出，农村劳动力的流动决策是基于对预期收益与成本的比较[110]。盛亦男（2016）将托达罗模型拓展为家庭迁移决策模型，分析了不同条件下家庭的迁移决策与策略[111]。严登才等（2017）提出，迁移者自身决策、政府干预和外部环境三大因素共同影响人口的迁移流动方向[112]。周君璧（2018）提出，易地扶贫农户搬迁影响因素有搬迁意愿、搬迁能力和政策，并提出可以通过调节政策变量来提高搬迁意愿和搬迁能力[113]。

1.2.4.2 家庭迁移决策的内部影响因素

家庭迁移决策受到户主及其家庭特征的影响[114]，当受访者有比较积极的迁移态度的时候，家庭实际迁移的比例较高[115-116]。有未婚孩子的家庭更易做出家庭整体迁移的决策[117]。户主会在原居住地和迁移目的地之间比较机会差异,户主和家庭特征将共同影响家庭迁移决策。某些情况下,迁移不可行,较富裕的家庭才有选择迁移的可能[118]。

国内的文献主要是在国外理论研究的基础上,通过选取年龄、性别、学历、家庭规模、家庭年收入、农业收入比重、人均耕地面积等个人特点或家庭特征作为分析指标。袁霓(2008)指出,有无子女、子女年龄是影响中国家庭移民决策的重要因素[119]。家庭规模和家庭结构会影响家庭迁移决策,家庭中的老年人与儿童会增加移民成本,成为家庭迁移决策的阻碍因素[120-121]。对于迁移意愿(行为)的影响,学术界却存在分歧。如在家庭规模上,学者们普遍认为,家庭规模与迁移意愿负相关(唐勇智,2010;唐宏等,2011;时鹏等,2013;冯雪红等,2013)[122-125],而王珊等(2010)认为家庭规模与迁移意愿正相关[126]。在户主学历上,有学者认为户主的学历越高,搬迁意愿越高(姜冬梅,2012;汤榕,2014;聂鑫等,2010)[127-129];也有学者持相反观点,认为户主的学历与搬迁意愿呈反比(刘呈庆等,2015)[87]。同样,在家庭经济因素上,学者们的观点也不尽相同。一些学者发现,家庭人均纯收入与迁移意愿负相关(唐勇智,2010;王珊等,2010;唐宏等,2011;时鹏等,2013),杨俊等(2017)持有相同的观点,认为对于贫困家庭,迁移很难实现[130]。相反,何得桂等(2014)在研究西部山区受灾移民时,发现经济收入越高的家庭,其搬迁意愿就越强[131]。

1.2.4.3 家庭迁移决策的外部影响因素

加德纳(Gardner,1981)重点研究了迁移决策的宏观影响因素,并提出五个影响迁移决策过程的决定性因素[132]。下面分别从环境、政策、社会网络三个方面分析家庭迁移决策的外部影响因素。

(1)环境因素。一个地区的自然灾害或者硬件设施的缺乏会成为迁移的重要推力[133]。迁移本身是抵消环境压力和冲击的有效策略[134],卡尔(Carr,2008)研究发现,环境变化,如降雨频率、时间、幅度的变化也会影响迁移决策[135]。雷诺(Renaud,2011)总结了较为系统的影响移民决策的环境因素体系，认为环境变化的速度是影响移民的关键要素，并提出突发环境灾害和渐变环境灾害分别导致了周期性迁移和永久性迁移[136]。沃尔伯特（Wolpert，1966）提出"压力阈值"模型，将人口迁移模型中加入非经济因素，认为迁移是应对现居地环境压力的手段[137]。有学者研究指明了环境因素对迁移的阻碍或促进作用[138]。陈秋红（2015）认为，无论是作为推力还是拉力，借由影响人们需求程度的满足及福利水平的变化，环境因素影响家庭的迁移决策[139]。

（2）政策因素。芬奇（Finch，2010）认为，只有把移民政策和环境政策妥善地整合在一起，移民才能成为一种真正意义上的适应策略，迁移才能顺利进行[140]。郑艳（2013）指出，移民需要协同考虑资金筹措、人口、地区发展等政策问题[141]。朱乾宇等（2012）认为，最终影响人们迁移意愿的因素是移民政策，要强化政策的吸引力[142]。聂鑫等（2010）认为，搬迁最主要的决定因素是人们对政策的了解程度，它与搬迁意愿呈正比[143]。严登才等（2017）指出，通过政策手段可以提高移民的搬迁预期[144]。

（3）社会网络因素。网络理论，也称社会资本理论，认为社会资本对人口迁移行为有重大影响，移民的各个环节都离不开待迁者的社会资本[145]。移民网络的形成使移民信息更加准确，可能会减少迁移成本和降低迁移风险，增加预期收入，促使人们做出迁移决策[146]。随后，众多学者的文献说明社会网络是移民选择迁移目的地、帮助潜在的移民就业、适应新环境的重要影响因素[147-150]。

1.2.5 文献述评

第一，国内蓄滞洪区的研究现状明确了蓄滞洪区是有效的防洪手段，蓄滞洪区将长期存在。对于蓄滞洪区安全建设与管理、生态补偿、城市蓄滞洪区综合利用等方面有一定的研究。蓄滞洪区涉及人口、经济、社会、环境等方方面面，由于人们关注点的不同，现有研究集中在蓄滞洪区的管理、技术、补偿等的某一方面，尚缺乏跨学科、多视角的研究。国外的蓄滞洪区基本无人居住，无移民问题。

第二，对蓄滞洪区移民安置等展开了富有建设性的探索，具有重要的理论价值和实践意义，但现有研究仅仅停留在移民外迁安置的可行性、必要性和紧迫性，以及安置模式上，少数学者分析了蓄滞洪区移民外迁安置的方法和对策，少数学者研究了蓄滞洪区移民公平发展与生态补偿，少数学者通过研究蓄滞洪区移民外迁安置选择问题，指出安置点选择不当会引起移民返迁，提及移民安置风险问题。并且，以上研究大都是定性研究，缺乏定量方面的研究。

第三，从研究对象上看，工程移民、生态移民、环境移民、灾害移民和易地扶贫搬迁移民等分别在不同时期受到国家和社会前所未有的重视并有力推进，研究成果丰硕。而对于避灾移民，特别是蓄滞洪区移民的研究明显不足。从研究内容看，已有成果对避灾移民的政策、现状、影响因素、内在机理与发展路径等内容进行了研究，但尚未有效揭示避灾移民待迁者的移民心态与移民决策行为，研究内容有待丰富；从研究的时间维度看，已有研究关注的大都是移民中及移民后的问题，而对于移民前的移民决策心理研究较少，研究的时间维度需要向前拓展。

第四，以农户迁移决策为主题的研究非常有限。早期人口迁移理论主要是预测人口流向和流量，现代人口迁移理论则是解释个体或家庭是否愿意迁移。当人口迁移理论的研究由宏观转向微观的时候，学者们就开始关注移民个体"为什么迁移"和"怎样做迁移决策"。国外对农户迁移决策的理论、过程、影响因素的探讨主要是基于自发迁移的移民家庭的决策，并没有考虑政府政策帮扶等对农户迁移决策的影响；国内对农户迁移决策的理论研究以农民工家庭自发性乡城迁移为主，对政府组织的迁移决策的研究主要是从移民自身的特征属性进行的，并没有系统地阐述移民迁移决策的全过程和内、外部因素是如何影响移民迁移决策的，即农户迁移决策的机理、过程并没有形成一套完整的、系统化的理论和分析框架。

第五，如何在规划时间内完成蓄滞洪区移民的任务，并实现"迁得出、稳得住、能致富"的目标？这牵涉一个问题，即蓄滞洪区农户是否愿意移民问题，学者们显然还没有关注到。从人口迁移的研究来看，移民观点背后隐含着一个假设，即大多数人都愿意放弃现有的生活和生产，做出移民的决策。然而，作为自愿移民，若农户的迁移意愿很低，大家都不愿意移民，蓄滞洪区移民就无法进行，因此，讨论待迁移民的迁移意愿问题显得尤为重要。如何提高农户的迁移意愿，如何激励农户做出迁移决策，已有研究对此关注不足，亟须相关研究。

综上，本书试图将行为决策理论引入蓄滞洪区移民研究领域，较为系统地探讨蓄滞洪区农户迁移的动力机制、迁移态度、迁移意愿及迁移决策行为等一系列心理和行为活动，并提出相应的激励机制，以弥补现有文献中的不足，拓展行为决策理论的研究领域，深化蓄滞洪区移民研究，促进有关公共政策的发展。

1.3 相关概念与理论基础

1.3.1 相关概念界定

1.3.1.1 蓄滞洪区

当超量洪水发生时，用以分流部分洪水的区域称为蓄滞洪区，亦称"水袋子"，包括行洪区、分洪区、蓄洪区和滞洪区。我国七大流域对蓄滞洪区的称谓各有不同。长江流域称分洪区、蓄洪垸或蓄滞洪区，黄河流域称滞洪区，海河流域称泛区、分洪区或蓄滞洪区，淮河流域称行蓄洪区或蓄洪区。蓄滞洪区是特大洪水发生时的最后希望，其分蓄洪水是为了维护全局和重点地区的利益，洪水灾害不同于其他地区，是一种社会公益性行为。

1.3.1.2 农户与蓄滞洪区农户

尤小文（1999）认为，农户是自人类进入农业社会以来最基本的经济单位组织[151]。李小建（2009）认为，在农村依靠家庭劳动力从事农业生产的社会经济单位就是农户[152]。农户是农业生产最基本的决策单位。胡豹（2007）认为，"家庭"强调父母与子女之间的社会学关系，而农户是较为微观的农民家庭[153]。在本书中，家庭和农户、农户家庭的概念基本通用，可根据行文的方便，替换使用。

若一个家庭不再从事农业生产，实际上也就没有农户的基本特征，因此也就不能称为农户了（刘志飞，2015）[154]。但是，本书是以农民祖祖辈辈居住的地域为依据划分农户的，既包括从事农业生产的纯农户，也包括户籍在蓄滞洪区而人在外地打工的农户。鉴于此，结合研究区的实际情况，本书将蓄滞洪区农户定义为祖辈长期生活在蓄滞洪区，以家庭为基本决策单位，在有限理性下追求收益最大化的生产与消费组织。这里的农户包含两类：一类是以种养殖业为生的小生产者，也包括以户为单位的小经营者；另一类是户籍在蓄滞洪区，但常年在外打工，农忙时节回家耕种或将土地转租出去的打工者。

1.3.1.3 蓄滞洪区移民决策

决策的过程性特点决定了决策的层次性和综合性。蓄滞洪区是否移民的决策，包含三个层次：第一个层面是国家层面，即中央政府决定是否要实行移民；第二个层面是政府决定将居民迁移到何处，用什么样的扶持政策；第三个层面的决策主体是待迁移民，他们最终决定是否搬迁，这取决于搬迁会给自己的生产生活带来什么样的影响、搬迁的风险有哪些。决策过程受到各种因素的影响，防洪、安居、经济和环境是政府决策的主要因素，家庭、移民补助标准、耕种距离、安置地位置、迁移的成本效益是影响待迁移民决策的主要因素。准确把握蓄滞洪区迁移决策的内涵，对于有效实施蓄滞洪区移民迁建工程、发挥其最大效益有重要意义。

1.3.1.4 蓄滞洪区农户迁移决策

广义的蓄滞洪区农户迁移决策是指与农户迁移过程有关的所有决策，大致可以划分为：第一，是否迁移。在蓄滞洪区居民迁建政策的支持下，农户可以自主选择是否要搬离现住地，即是否迁移。第二，迁到何处。在决定移民后,接下来的决策问题是搬到哪里去。蓄滞洪区移民安置方式有区内安置(如保庄圩和庄台),外迁后靠,除此之外,还可采用投亲靠友或到城镇购买商品房等多种安置方式。第三,迁移后怎么发展。搬迁安置以后,大部分农户居住的地方在保庄圩,耕种距离在5千米左右,耕作不便。那些自行在城镇购买商品房或是耕种距离大于5千米的移民,生计来源成为最大的问题。他们需要选择非农就业的方式,是就业还是创业,是在本地就业还是去外地就业,就业技能如何,能从事什么样的职业,如果创业,是否有足够的创业资金等问题,是农户成为移民后面临的一系列问题。

狭义的蓄滞洪区农户迁移决策,是指农户对"是否移民"进行的决策,选项只有决定移民和决定不移民两种。本书中的农户迁移决策,是狭义的迁移决策,即农户在现行的蓄滞洪区居民迁建政策下对"是否移民"进行的决策。

1.3.1.5 激励与激励机制

激励指激发人的动机、诱导人的行为的心理过程。田国强(2000)认为,激励是激励主体通过一定的手段启发激励客体的动机需求,让激励客体处于兴奋和紧张状态,积极行动以实现既定目标的过程[155]。每个人做出选择的行为都应该获得利益并支付成本,当事人之间目标不一致和信息的分散化是产生激励矛盾的基本原因[156]。激励机制指激励运作的一切方法、手段、链接和其他制度安排的总称[157],是个人或组织针对一定的目标,对个体或组织实施激励方法的总称,以最大限度地激发人的工作热情[158-159]。通过建立正确的制度,可以激励人们的行为[160]。

蓄滞洪区移民也存在激励问题,因为农户是一个独立的行为个体,以追求家庭利益最大化为目标,其行为决策是独立的分散决策。农户的个人目标和组织目标并非完全一致,当农户个人目标与组织目标相差太远时,农户会根据利己原则行动,这会造成个人行为和组织目标之间产生偏离,最终导致合作失败。同理,地方政府也可以看作是一个独立的行为个体,当地方政府的目标与上级组织的目标偏离太远,地方政府同样会遵从利己原则，放弃利他行为。因此，蓄滞洪区移民需要一系列的制度来分别激发农户主动迁移和地方政府实施移民政策的积极性，最终实现自利行为和利他行为的有机结合。

鉴于以上分析，本书把激励机制定义为在以人为本的基础上，为促进和发挥人的积极性、主动性，针对蓄滞洪区移民的实施主体——地方政府和实施对象——农户所采取的一系列相关制度安排和实施策略，目的是引导地方政府实施移民政策，促进农户主动迁移。

1.3.2 人口迁移相关理论

蓄滞洪区移民属于人口迁移的一种类型，人口迁移的有关理论适合蓄滞洪区移民的分析。

1.3.2.1 "推—拉"理论

巴格内（Bagne）首先提出人口学上的"推—拉"理论，迁入地有利的生活条件就是拉力，而迁出地不利的生活条件就是推力（程伟等，2011）[161]。1938年，赫伯拉（Herberla）正式提出了"推—拉"理论，认为人口迁移的动力由迁出地的推力和迁入地的拉力共同构成。迁入地的拉力比迁出地的推力对迁移的刺激更重要，且只有强烈推力而无强烈拉力时，移民发生的概率最低[162-164]。

推拉理论的缺陷是忽视了个人因素，主要强调的是外部因素的作用。当面临的推力和拉力大致相等时，会出现这样一种情形：有的人会选择移民，而有的人则不选择移民。针对这个问题，英国学者李（E.S. Lee）于1966年首次提出中间障碍（intervening obstacles）的概念，并把中间障碍因素及个人因素一起引入人口迁移理论框架内，提出迁出地、迁入地、中间障碍和个人因素是影响迁移的四种因素，并指出迁出地和迁入地都存在推和拉两种力量，只有当迁出地内推力总和大于拉力总和，且迁入地内拉力总和大于推力总和时，迁移才会发生。

1.3.2.2 新经济迁移理论

新经济迁移理论由斯塔克与布鲁姆在1985年提出，该理论认为家庭决定移民决策，而并非由个人独立决定，周边环境也会影响到决策结果[165]。该理论强调，迁移行为是家庭成员集体讨论和决定的结果[166]，这是新经济迁移理论的核心观点。新迁移经济学派认为移民搬迁是理智的选择[167]，首先，它以家庭为核心，追求的是家庭利益最大化，而非追求个体利益最大化；其次，考虑了成本—利益因素和非成本—收益因素。新经济迁移理论最先否定了个人主义，强调家庭化迁移的首要目的是保证家庭利益最大化，家庭成员的迁移和留守被视作一种分散风险的方法，决定着家庭成员的去向。

1.3.2.3 人口迁移的决策理论

从管理决策的角度讲，迁移就是一个决策过程。20世纪60年代，从决策的微观视角研究人口迁移成为主流。沃尔波特（Wolpert）于1964年提出了人口迁移决策理论[168]。由此，迁移决策理论成为人口迁移理论研究中的一个重要内容。他提出了"地点效用（place utility）"的概念，即表示人们对其所处环境满意或不满意的程度。人口迁移是潜在移民将原居住地的地点效用与目的地和其他地点的理想位置进行比较，做出是否迁移及迁移到哪里的决策过程[169]。在人口迁移决策理论基础上，布朗（Brown）和摩尔（Moore）提出了人口迁移决策过程模型[170]（如图1-1所示）。

沃尔波特（Wolpert，1966）和斯皮尔（Speare，1974）在分析移民时采用了这种观点，他们认为移民可以看作是对"压力"的一种反应，压力有个阈值，人们的迁移是由压力的大小来决定的[171-172]。

1.3.3 行为决策理论

决策理论可分为经典决策理论和行为决策理论两种。前者又称理性决策理论，后者是揭示人们如何做出决策的理论体系，它主要研究决策者的

第1章 绪 论

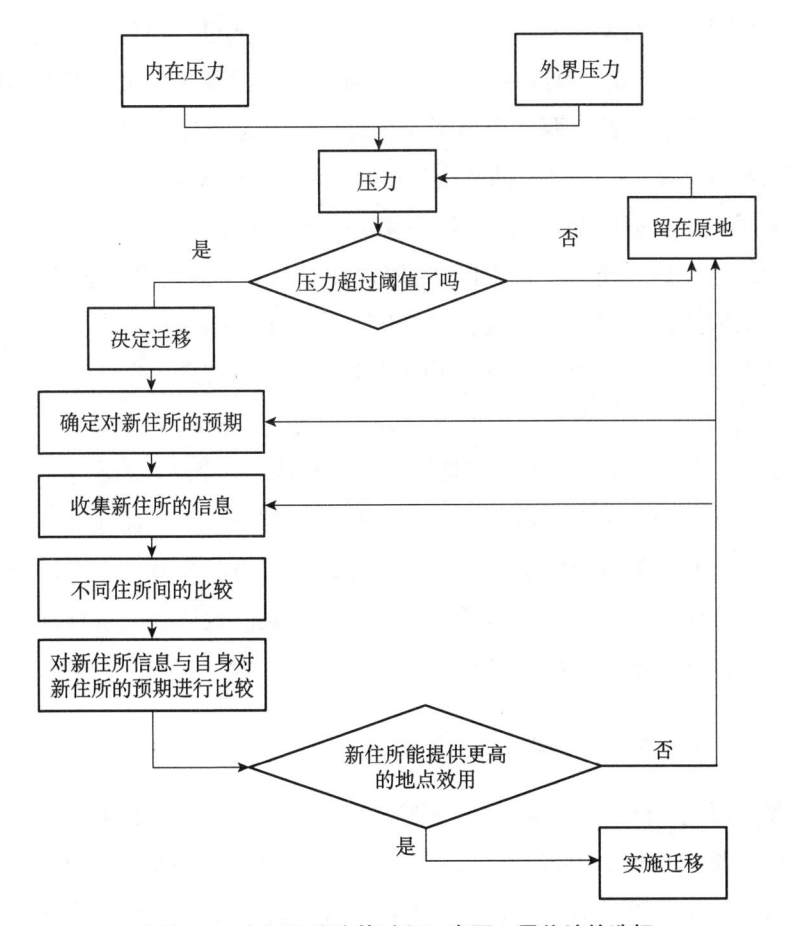

图 1-1 人口迁移决策过程示意图：居住地的选择

资料来源：根据刘易斯（Lewis，1982）整理。

认知和主观心理过程。行为决策理论是从认知心理学的视角，分析决策者在对事件评判和方案选择过程中的信息处理，以及内外部环境对人们做出决策的影响，从而改进并完善理性决策模型。

1.3.3.1 有限理性决策理论

所谓决策，是指个人或组织为了达到某一目标，在未来一定时期内对相关活动的方向、内容以及方式的选择、调整过程。广义上包括抉择以前的准备活动和做出抉择以后的实施活动。某种程度上，决策的过程就是不断选择的过程。西蒙（Simon）认为，决策是对方案进行评估和比较选择的过程[173]。受个体能力有限性的约束，有限理性和模糊性是个体在实际决策时的行为表现。因此，西蒙提出了有限理性和满意准则，指出人的行为决策很大程度上受到心理因素的影响，建立了有限理性决策理论。

有限理性决策理论对农户迁移决策的指导表现为以下两方面。

第一，农户的迁移决策只追求有限理性，而不是最大限度地追求理性。这是因为农户身处贫穷落后的蓄滞洪区，读书少，知识水平有限，长期生活在信息闭塞的环境中，农户既不可能掌握全部的信息，也认识不到决策的详尽规律。同时，农户的价值取向并不稳定，目的时常改变，且没有统一的标准。因此，农户的有限理性制约其很难做出完全理性的决策。

第二，农户在搬迁决策中追求"满意"标准，而非最优标准。在决策过程中，迁移决策者设定了一个基本目标，检查当前的替代方案。如果现有替代方案中的一个能较好地满足其目标，则他们就达到满意标准，不愿意再研究或寻找更优的替代方案。

1.3.3.2 预期理论

预期理论（prospect theory）也称前景理论，由特沃斯基（Tversky）和卡尼曼（Kahneman）共同创建[174]。预期理论认为，决策包括编辑和评价两个阶段。编辑阶段是对条件、结果的可能性进行抽象和刻画。评价阶段就是对编辑阶段进行评价并完成选择决策，选择最大有效预期[175]。

根据预期理论，人们在进行决策时往往会存在损失效应、参照依赖、心理账户和从众心理等，具体到农户的迁移决策，主要有以下心理特点。

（1）心理账户。在经济活动的运行过程中，每个人的心中都会有一个心理账户系统，这个系统会对人的行为决策产生显著的影响。当人们在决策时，这个"心理账户"会将等价的支出或收益划分到不同的账户中去。对于农户的迁移成本来说，他们把迁移成本作为获得更好生活的必要投资时，这是一种心理账户的形式；如果将迁移成本当作一笔不必要花费的开支，则是另一种心理账户。

（2）从众心理。出于规避风险的考虑，人的思维模式和行为规律将会和大多数人保持一致。对蓄滞洪区的农户而言，其获取信息的能力和对未来的判断能力有限，会导致从众心理。忽视自身条件的盲目从众显然是非理性的，但从风险规避的角度看却存在一定的合理性。因此，在蓄滞洪区移民实施过程中，某个村庄里的农户大部分不愿意移民或大部分愿意移民的现象也就可以理解了。

（3）损失厌恶心理。损失厌恶心理反映了人们面对收益和损失时，表现出来的非对称性，即同样的"心理"收益和"心理"损失，损失会更让人难以接受，对情绪影响更大。农户在迁移决策过程中，也会表现出明显的损失厌恶心理。他们一般会以上一年的收益为参照，若移民的收益增加超过"心理"收益，农户会表现出明显的风险规避态度而选择移民；若移民的收益增加低于"心理"损失，农户会表现出明显的风险偏好态度而选择不移民。

（4）风险偏好心理。在一般的经济规律下，收益和风险总是相伴而生的。预期收益越大，风险也就越大。农户迁移决策过程中，要面临迁移的风险：新建住房支付能力不足、失去土地、失去宅基地、政策变动风险、非农务工不稳定、搬迁成本高、生活成本高等。不迁移的风险：蓄洪压力，主要包括农作物损毁、房屋被淹、生活环境恶劣等。农户会充分比较迁移的风险和不迁移的风险，关键问题是对新建住房支付能力、迁移的预期净收益和生计顾虑的决策权衡。人们对于风险的态度简化为：风险喜好和风险厌恶两种类型。具体到蓄滞洪区农户，一般来说，风险喜好的农户会选择迁移，而风险厌恶的农户会留在原地，选择不迁移。

1.3.4 博弈理论

博弈论（game theory）又称对策论，指个体或组织依赖其所拥有的信息，选择实施自己的行为或策略，并获得相应结果或利益的过程。博弈论是研究决策主体的理性决策行为以及这些决策的均衡结果的理论。1944年出版的《博弈论与经济行为》标志着现代系统博弈论的形成。约翰·福布斯·纳什（John Forbes Nash Jr）于1950年和1951年分别发表论文《博弈的均衡点》和《非合作博弈》，提出了纳什均衡（Nash equilibrium）的概念，为博弈论的一般化奠定了基础。博弈论的基本要素包括：参与人、策略、信息、支付函数、结果和均衡。

博弈论的核心是均衡。所谓均衡，是各个主体的收益均达到最大时的决策状态。一个策略组合里，当所有其他人都不改变策略时，将没有人改变自己的策略，则该策略组合就是一个纳什均衡[176]，纳什均衡是一种完全信息静态博弈。在每一个决策活动中，博弈论要假设所有参与者均是理性且独立的，都有自己的行动范围，同时各参与者的行动又互相制约。

在蓄滞洪区移民中，最重要的博弈关系是农户与地方政府之间的关系，这种博弈关系对农户的迁移决策行为有重要影响。农户和地方政府将会围绕移民补助标准、安置点的选址、安置房的建设方式等方面展开博弈。理性的农户在做出迁移决策之前，会考虑相关主体的行为，权衡利弊，以使农户家庭利益实现最优。

1.4 技术路线与研究方法

1.4.1 技术路线

本书紧紧围绕"蓄滞洪区农户迁移决策与激励机制"这一研究主题，采用"层进式"研究思路逐步展开，具体技术路线如图 1-2 所示。

图 1-2 左侧列部分是在一般研究思路基础上展示的本书的研究逻辑；右侧列是本书的研究思路，围绕"蓄滞洪区农户迁移决策与激励机制研究"展开；中间一列是按照章节顺序的具体研究内容。分 5 个步骤展开研究：第 1 章是本书展开研究的背景及理论基础，从而提出研究问题；第 2 章介绍了蓄滞洪区移民的历史、现状及存在的问题、研究启示及理论分析框架；第 3 章在分析农户迁移动力形成机理的基础上，提出了蓄滞洪区农户迁移动力

机制框架；第4章通过问卷调查和访谈，了解农户的整体迁移态度，以上章节为后面的实证分析奠定基础；第5～6章通过实证建模分析了农户迁移意愿的影响因素与农户迁移决策行为机理，是本书的核心内容；第7章是解决方案，通过利益主体博弈分析，进行移民激励机制设计，回答"如何激励农户自愿移民"问题；第8章是对全书研究结论的总结与未来研究的展望。

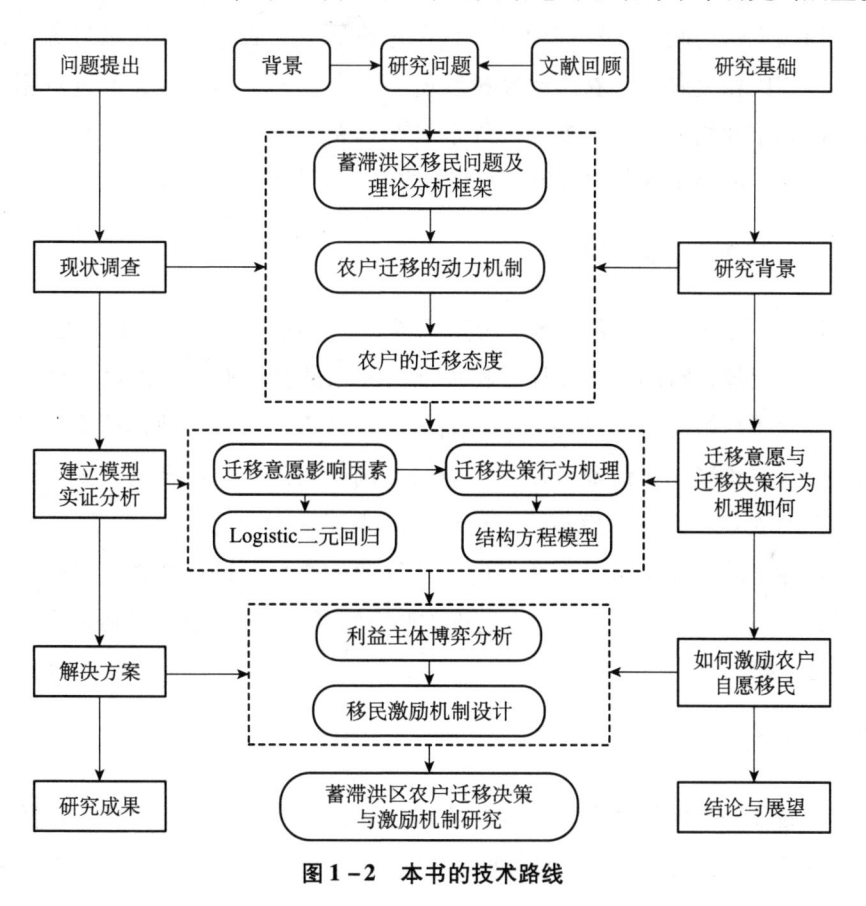

图1-2 本书的技术路线

1.4.2 研究方法

本书拟采用规范分析与实证研究相结合、描述性分析与计量模型分析相结合的研究方法。研究过程中，坚持观察的客观性和全面性，采用科学规范的调研方法和手段，力求最大限度地获取客观真实资料。在此基础上，采用以管理学为主线，结合经济学、统计学等不同学科的多学科交叉渗透的综合研究。具体方法主要有以下几种。

1.4.2.1 文献研究法

通过文献查阅，了解国内外在移民理论研究、农户迁移决策研究、蓄滞洪区移民相关研究、农户激励机制研究等方面的最新进展，通过对相关文献的总结和梳理，了解到国内外学者在该领域研究的进展和不足，为本书提供前沿的理论视角和重要的资料参考，进而找到本书研究的切入点。

1.4.2.2 实地调查法

以淮河流域城西湖蓄洪区为研究区域，一方面，通过淮河水利委员会、安徽省移民局、霍邱县移民局等相关部门和霍邱县城西湖蓄洪区所属乡镇和村委会等组织获取相关的二手资料。另一方面，通过实地调研走访、面对面访谈、小规模的预调研及正式的问卷调研和访谈相结合的方式，详细了解被访农户个人、家庭成员、住房、收入等一般情况，同时，围绕农户对移民相关政策的了解、迁移态度、迁移意愿等情况进行调查，以获取本书所需的一手微观数据。共计发出正式调查问卷300份，实际回收的有效问卷为268份。

1.4.2.3 统计计量方法

在收集和整理相关资料和数据的基础上，运用Spss18.0对所获取数据进行统计分析，从中找出数据间的内在联系及其规律性，以了解农户对移民政策的认知、迁移态度、迁移意愿及迁移决策行为等。本书采用Logistic二元回归模型对样本农户迁移意愿的影响因素进行定量分析，找出影响农户迁移意愿的主要动力因素和阻力因素；构建农户迁移决策行为概念模型，采用SEM就总体样本对所构建的模型运用Amos17.0软件进行检验，以验证研究假设，阐释农户迁移决策的内在行为机理。

第1章 绪 论

1.4.2.4 博弈分析法

博弈论研究利益主体行为发生直接相互作用时的决策以及决策的均衡问题。蓄滞洪区移民主要涉及农户和地方政府两个核心利益主体,采用博弈论方法分析蓄滞洪区移民中农户与地方政府的博弈行为,构建二者的利益博弈模型,并对博弈均衡进行分析,为构建蓄滞洪区移民激励机制奠定理论基础。

1.5 主要研究内容与创新点

1.5.1 主要研究内容

本书共分为八章,各章主要内容如下。

第1章,绪论。本章是对全书的概括性论述。交代了研究背景、研究目的和研究意义,国内外研究现状,基本理论与相关概念,在此基础上,凝练科学问题,明确研究内容和研究方法,提出技术路线及研究的创新点。

第2章,蓄滞洪区移民问题及理论分析框架。本章首先总结了蓄滞洪区移民的历史演变,分析了蓄滞洪区移民的必要性与可行性,然后分析了蓄滞洪区移民的政策背景、意义与目标,归纳了蓄滞洪区移民的属性、特点及主体界定,最后对当前移民实施存在的问题等进行了系统的梳理,得出研究启示,提出了"迁移动力机制分析—迁移态度调查—迁移意愿与迁移决策行为分析—移民激励机制设计"的理论分析框架。

第3章,蓄滞洪区农户迁移的动力机制分析。提出迁移动力的形成机理及运行过程,根据"推—拉"理论,提出蓄滞洪区农户迁移的动力机制,包括迁出地的推力,安置地的拉力,政府的支持力,农户自身的迁移动机,以及来自中间障碍的阻力,并运用社会学理性选择理论分析了农户迁移动力产生的深层机理。

第4章，蓄滞洪区农户迁移态度调查分析。提出研究区域，说明了选择城西湖蓄洪区作为调研地的原因，并提出调查方法与数据来源，运用态度与行为理论调查分析农户的迁移态度，具体包括农户对移民的认知情况、判断情况和行为倾向的调查分析，了解农户的真实想法。

第5章，蓄滞洪区农户迁移意愿影响因素分析。确定了农户迁移意愿的内、外部影响因素，形成研究假设，构建因子分析实证模型，结合城西湖蓄洪区农户问卷数据，采用 Logistic 二元回归分析方法找到正相关和负相关因素，通过综合分析力求获得比较准确，且相对完整和客观的结论。

第6章，蓄滞洪区农户迁移决策行为机理研究。本章进一步分析农户的迁移决策模式、决策机理。首先，总结了农户迁移决策行为的两种模式：自主理性决策模式和从众决策模式，运用社会学理性选择论分析农户迁移决策的理性逻辑。其次，基于 TPB 理论分析框架，采用 SEM 对城西湖蓄洪区的268个调查样本进行定量分析，为蓄滞洪区农户迁移决策行为机理提供科学解释。最后，提出蓄滞洪区农户迁移决策过程的理论模型，总结分析了蓄滞洪区农户迁移决策过程的5个阶段及各阶段的农户心态。

第7章，激励蓄滞洪区农户迁移的机制设计。本章主要回答"如何激励农户自愿移民"的问题。从蓄滞洪区移民的主要利益相关者——地方政府和农户入手，运用博弈理论构建二者的利益博弈模型。基于博弈分析结果，设计蓄滞洪区农户迁移的激励机制和地方政府移民的激励机制，建立农户与地方政府协同联动的激励机制框架，并提出具体的实施建议。

第8章，结论与展望。本章对全书主要章节的主要结论进行回顾性概括，指出本书研究存在的局限性，并对未来的研究进行了展望。

1.5.2 创新点

本书可能的创新点如下。

（1）蓄滞洪区农户迁移意愿影响因素分析。迁移意愿是蓄滞洪区农户迁移决策研究的核心问题，构建了比较全面的、系统性较强的蓄滞洪区农户迁移意愿的内外部影响因素框架体系，运用 Logistic 回归模型分析样本数据，获得了综合且客观的农户迁移意愿影响因素结论。

（2）蓄滞洪区农户迁移决策行为机理研究。首次将 TPB 理论引入蓄滞洪区农户迁移决策研究中，运用结构方程模型实证分析农户迁移决策的影响因素及其作用路径，总结了农户迁移行为的内在决策机理，并提出了一个包含 5 个阶段的农户迁移决策过程的理论模型，为今后类似的研究提供参考。

（3）基于博弈分析的蓄滞洪区移民激励机制设计。从蓄滞洪区移民的主要利益相关者——地方政府和农户入手，运用博弈理论构建农户和地方政府的利益博弈模型，并对博弈均衡进行分析，拓展了农户移民问题的研究视野。基于博弈分析，设计蓄滞洪区农户迁移的激励机制和地方政府移民的激励机制，构建农户与地方政府协同联动的移民激励机制理论框架，揭示了蓄滞洪区移民激励机制研究的新问题。

第 2 章　蓄滞洪区移民问题及理论分析框架

2.1　蓄滞洪区移民的历史演变

2.1.1　中国蓄滞洪区的基本情况

中华人民共和国成立初期，按照"蓄泄兼筹"的治理方针，将江河两岸一些湖泊、洼地等作为蓄滞洪区，成为防洪减灾体系的重要部分。

2.1.1.1　蓄滞洪区基本情况

新中国成立后，我国主要江河蓄滞洪区的建设经历了以下四个阶段。

第一阶段是 1949～1988 年。中华人民共和国成立后，国家十分重视防洪建设，规划建设了一批蓄滞洪区。1952 年，荆江分洪区和虎西备蓄区设立。1985 年，《关于黄河、长江、淮河、永定河防御特大洪水方案》批转，设置了 90 多处蓄滞洪区，我国主要江河蓄滞洪区的总体布局基本建成。在初期，由于人口少、企业少、经济落后，蓄滞洪区启用较为顺利，损失较小。

第二阶段是 1988～1998 年。1988 年《蓄滞洪区安全与建设指导纲要》颁布，制定了"撤退转移为主、就地避洪为辅"的方针。1991 年淮河大水后，国家防总编制了蓄滞洪区安全建设规划。这一阶段蓄滞洪区人口逐渐增加、经济开始发展，蓄洪时区内居民的安全保障成为最大的难题。随着蓄滞洪区人口的高速增长和经济发展，防洪安全设施越显匮乏，居民生命财产安全难以保障，蓄滞洪区运用时需转移大量居民，安置难度越来越大，启用决策愈发困难。加上无序开发带来的危害，蓄滞洪区分蓄洪水、保障居民生命财产安全与发展经济之间不可调和的矛盾愈加突出。

第三阶段是1998~2008年。1998年长江、松花江大洪水后，国家开始重点治理蓄滞洪区。部分蓄滞洪区实施的"平垸行洪、退田还湖、移民建镇"工程为其安全建设提供了有益的经验。2000年5月，《蓄滞洪区运用补偿暂行办法》颁发，先后补偿了13个蓄滞洪区。2006年6月，《关于加强蓄滞洪区建设与管理的若干意见》的批转，明确了蓄滞洪区建设与管理的指导思想、目标和任务。

1998年长江和松花江暴发洪水，政府开始着力治理蓄滞洪区。"平垸行洪、退田还湖、移民建镇"工程是蓄滞洪区建设过程中取得的宝贵经验。2000年5月，国家颁布《蓄滞洪区运用补偿暂行办法》，先后对13个蓄滞洪区给予补偿。2006年6月，政府发布《关于加强蓄滞洪区建设与管理的若干意见》，进一步明确了蓄滞洪区建设与管理的指导思想、目标和任务。

第四阶段是2009年11月至今。2009年11月，《全国蓄滞洪区建设与管理规划》出台，明确了蓄滞洪区治理的目标和任务，根据蓄滞洪区的自身特点进行了分类，提出了控制蓄滞洪区风险的管理思路。国务院对《全国蓄滞洪区建设与管理规划》的批复，有利于维护流域整体防洪安全，对解决区内民生问题具有重要意义，标志着我国蓄滞洪区治理迈入了一个崭新的阶段。国家蓄滞洪区基本情况见表2-1。当前，共有98处蓄滞洪区被列入2010年《国家蓄滞洪区名录》，截至2011年，98处国家蓄滞洪区总面积为3.37万平方千米，蓄洪容积1091.46亿立方米，耕地面积2590.27万亩，区内共有居民1681.29万人[13]。

表2-1　　　　　　　　中国蓄滞洪区基本情况

流域	总面积 （平方千米）	耕地面积 （万亩）	区内人口 （万人）	蓄洪容积 （亿立方米）
长江	12000.00	711.80	632.50	589.70

续表

流域	总面积 (平方千米)	耕地面积 (万亩)	区内人口 (万人)	蓄洪容积 (亿立方米)
黄河	2943.00	287.00	206.00	51.12
淮河	5283.90	448.56	268.50	165.33
海河	10694.00	966.20	549.30	198.00
松花江	2680.00	170.00	19.00	83.20
珠江	79.80	6.71	5.99	4.11
合计	33680.70	2590.27	1681.29	1091.46

资料来源：2009年《全国蓄滞洪区建设与管理规划》。

2.1.1.2 蓄滞洪区的功能定位

我国防洪形势的变化和经济社会的发展改变了过去河流治理、开发的旧观念，生态环保与修复意识逐渐增强，对蓄滞洪区的功能定位有了更高要求，主要表现在以下方面。

第一，有效蓄滞洪水依然是蓄滞洪区的首要功能。蓄滞洪区是我国防洪工程体系的重要组成部分，被称为防洪"最后一道保险"，今后很长时间内，保障防洪安全依然是蓄滞洪区的第一任务。

第二，保障国家粮食安全。由于人多地少的具体国情，大量人口在蓄滞洪区生活和生产是中国的一大特色。我国耕地数量持续减少，宜耕土地不足，粮食安全面临严峻挑战。而蓄滞洪区多是宜耕地区，千万群众的粮食问题依赖全国蓄滞洪区内的耕地[6]，应利用好这些耕地，保障国家粮食供给安全。

第三，促进人水和谐、保护生态环境。蓄滞洪区大多是调蓄洪水的天然场所，可发挥蓄水、洪水资源利用功能，还能改善生态环境，维护生物多样性。同时，蓄滞洪区也承担着观光与旅游的功能。

可见，在功能定位上，蓄滞洪区经历了从最初单一的蓄滞洪水场所，到蓄洪和保障人民生活的双功能，再到防洪保安、经济社会发展、粮食安全和生态保护等多功能区的转变。蓄滞洪区在我国正发挥着越来越重要的作用，应引起学者和有关部门的关注。

2.1.2 淮河行蓄洪区历年建设情况

由于历史原因，黄河夺淮入海，致使淮河水系紊乱，泄洪不畅，淮河流域水患频发，饱受洪涝灾害之苦，淮河因此被称为"中国最难治理的河流"，而淮河行蓄洪区历史上就是江河洪水淹没和蓄洪的场所。为保障淮河行蓄洪区内群众生命财产安全、缓解人水矛盾，安徽省自20世纪50年代启动淮河行蓄洪区安全建设。

1950~1990年。1950年起，在濛洼、城西湖、南润段、姜家湖、董峰湖等行蓄洪区开始建设围村堤和庄台。1984年，根据《安徽省淮河干流低标准行蓄洪区庄台工程总体设计》，在濛洼、姜家湖、唐垛湖等12处行蓄洪区兴修庄台和保庄圩。截至1990年，累计建成庄台272座，台顶面积583.5万平方千米；保庄圩13处，面积39.34平方千米[177]。

1991~2002年。1991年，进一步治理淮河的决定将淮河流域行蓄洪区安全建设工程作为治淮骨干工程之一。1994年《淮河流域行蓄洪区安全建设修订规划》批复，开展了撤退道路、庄台深水井及通讯报警设施建设等项目。截至2002年，修建撤退道路932.89千米、避洪楼488幢、深水井69眼，外迁安置1416人[177]。

2003年以后。为加快淮河流域行蓄洪区安全建设，依据《淮河流域行蓄洪区安全建设实施方案》，新建保庄圩、加固庄台、配套深水井建设、新建及改建转移道路、建设通信设施等工程陆续开始。在2003年和2007年，行蓄洪区移民迁建工程实施。截至2013年，城东湖、濛洼、姜唐湖等行蓄洪区40.12万人的安全问题得以妥善解决。其中，迁移安置28.97万人，新建保庄圩15座，就地保护11.15万人。2010年，新的国家蓄滞洪区名录共有蓄滞洪区98处（见表2-2），淮河流域由26处核减为21处。

表 2-2　　　　　　2010 年修订后的 98 处国家蓄滞洪区名录

江河	长江	黄河	淮河	海河	珠江	松花江
名单	围堤湖、六角山、九垸、西官垸、安澧垸、澧南垸、安昌垸、安化垸、南顶垸、和康垸、南汉垸、民主垸、荆江分洪区、浣市扩大区、虎西备蓄区、人民大垸、共双茶、城西垸、屈原农场、义和垸、北湖垸、集成安合、钱粮湖、建设垸、建新农场、君山农场、大通湖东、江南陆城、洪湖分洪区、杜家台、西凉湖、东西湖、武湖、张渡湖、白潭湖、康山圩、珠湖圩、黄湖圩、方洲斜塘、华阳河、荒草二圩、荒草三圩、汪波东荡、蒿子圩	北金堤、东平湖	濛洼、城西湖、城东湖、瓦埠湖、老汪湖、泥河洼、老王坡、蛟停湖、黄墩湖、南润段、邱家湖、姜唐湖、瘦西湖、董峰湖、汤渔湖、荆山湖、花园湖、杨庄、洪泽湖周边（含鲍集圩）、南四湖湖东、大逍遥	永定河泛区、小清河分洪区、东淀、文安洼、贾口洼、兰沟洼、宁晋泊、大陆泽、良相坡、长虹渠、柳围坡、白寺坡、大名泛区、恩县洼、盛庄洼、青甸洼、黄庄洼、大黄铺洼、三角淀、白洋淀、小滩坡、任固坡、共渠西、广润坡、团泊洼、永年洼、献县泛区、崔家桥	潖江	胖头泡、月亮泡
数目	44	2	21	28	1	2

资料来源：2010 年《国家蓄滞洪区修订名录》。

2.1.3　淮河行蓄洪区历年启用情况

1950～2017 年，共有 29 年启用行蓄洪区，现有的 16 处行蓄洪区共启用 128 次。特大洪水年份如 1950 年、1954 年、1956 年、1968 年、1975 年、1982 年、1991 年、2003 年和 2007 年，每年都会启用多处行蓄洪区。

1991 年洪水期间，淮河干流共启用了濛洼、城西湖、城东湖、南润段、润赵段等 13 处行蓄洪区。其中，濛洼蓄洪区两次开闸蓄洪 6.9 亿立方米，城西湖蓄洪 5.2 亿立方米，行蓄洪区有 100 多万人被临时撤退转移。

2003 年洪水期间，淮河干流共启用了濛洼、城东湖、邱家湖、唐垛湖等 9 处行蓄洪区，分蓄洪量 8.5 亿立方米，行蓄洪区有近 47 万人被临时转移。

2007 年洪水期间，淮河干流先后启用了濛洼、上六坊堤、下六坊堤、南润段等 9 处行蓄洪区，12.55 万人被临时转移。润河集、正阳关、淮南、蚌埠（吴家渡）站水位都大大降低。

2.1.4 蓄滞洪区移民搬迁的历史演变

厘清蓄滞洪区移民搬迁的历史演变进程，有助于推进当前的蓄滞洪区移民迁建工作。新中国治淮以来，蓄滞洪区的安全建设及移民安置工作有一段艰难曲折的过程。下面分三个阶段分析启用蓄滞洪区后，区内居民的去向。

2.1.4.1 第一阶段：1950~2002年

本阶段蓄滞洪区居民以紧急撤退转移为主，辅之以建立少量的庄台和保庄圩等安全建设工程。

1950年大水后，国家开始在淮河流域兴建以庄台为主的蓄滞洪区安全建设工程，但设计标准低、建设速度慢，随着人口的不断增长，蓄洪的需要与区内居民安全生产的矛盾日渐增多。

1971年后，灾后家园的重建实行群众自建为主、国家补助为辅的政策。由于国家补助的标准太低，居民负担能力有限，庄台的修建速度和规模受到了极大的影响。"75.8"大水进一步暴露出蓄滞洪区安全设施少，使得行洪、蓄洪与区内居民生产、生活的矛盾突出。

1982年淮河大水后，国务院治淮会议首次明确提出要鼓励人口外迁，国家将蓄滞洪区安全建设项目列入国家"六五"规划中的治淮计划，庄台和保庄圩等工程开始在行蓄洪区建设。

1998年长江流域洪灾后，洞庭湖区实施退田还湖、移民安置。同年，国家行蓄洪区移民建镇试点工作在淮南市毛集镇开展，将董峰湖行洪区内沿淮村民迁入毛集镇内，至2001年，毛集镇共接纳2000多名外迁入镇移民。但依靠庄台和移民建镇解决的仅仅是极少的一部分居民，面对洪水，绝大多数的区内居民难逃"建设—淹没—重建—淹没"的怪圈。

在新中国成立到2003年移民迁建工程实施之前的半个多世纪里，洪水来临，蓄滞洪区启用时，绝大多数区内居民唯一的避险和重建模式，如图

2-1 所示。当遇到特大洪水，政府下令启用蓄滞洪区，这时区内居民要在很短的时间内收拾家庭贵重物品，进行临时避洪撤退转移，土地房屋被淹没，庄稼被毁，生存环境恶化，当洪水退去后居民重返满目疮痍的家园，政府进行土地房屋淹没损失登记及补偿工作，由于国家财力有限，相对于洪灾损失，蓄洪补偿款也只是杯水车薪。由于蓄洪带来的损失间接影响了蓄滞洪区的土地利用、社会、经济等的发展，漫长的灾后社会经济系统恢复重建开始，若蓄滞洪区再被启用，就会进入"建设—淹没—重建—淹没"的恶性循环。

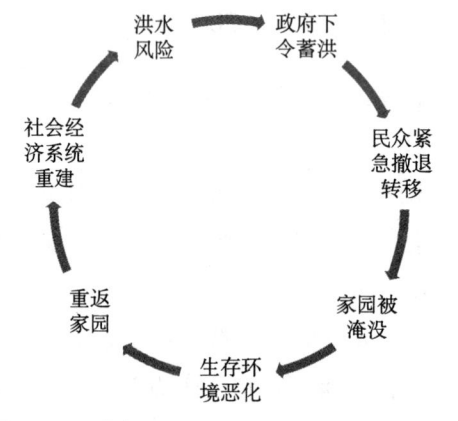

图 2-1　"建设—淹没—重建—淹没"的怪圈

2.1.4.2　第二阶段：2003~2010 年

本阶段以实施政府主导下的蓄滞洪区移民迁建工程为主要特征。

2003 年、2007 年淮河大洪水后，移民迁建工程在低标准蓄滞洪区陆续开展，实现近 40 万人的移民安置。该工程的实施，一是让区内群众不再遭受撤退转移避险之苦，群众生命财产安全得到保障；二是大大降低了淹没损失和救灾难度，同时降低了蓄滞洪区的启用决策难度，保障了蓄滞洪区的正常启用。政府主导下的蓄滞洪区移民，总体上属于自愿移民性质，根据居民的意愿，本阶段区内居民的迁移方式有永久性迁移和临时搬迁两种。

对于生活在蓄洪洼地的居民，政府采取永久性迁移的方式，将其搬离蓄滞洪区，彻底远离洪水的威胁，逃离了"建设—淹没—重建—淹没"的恶性循环。这种一次性的迁移和社会经济系统恢复重建工作，能从根本上解决蓄滞洪区人民生命财产的安全问题。

蓄滞洪区启用时，采取临时搬迁的居民，其搬迁的内在逻辑与阶段一"建设—淹没—重建—淹没"的恶性循环基本相同。

本阶段属于灾后移民，群众比较支持和配合，迁建工作也相对顺利。但在2003~2007年，由于保庄圩基础设施不齐全，生产生活不便，一部分居民不愿到保庄圩居住，或者搬到保庄圩的居民又重新搬回了原来的宅院。之所以出现返迁的现象，一方面是由于保庄圩基础设施较差和耕种距离加大造成的生产生活不便，另一方面是因为洪水过后的土地比较肥沃，种地不用施肥，一开始只是一些胆大的人回来开荒种地，慢慢地返迁的人越来越多，建筑物也开始出现，所以出现大量移民返迁的现象。随着人口的增加、经济的发展和保庄圩内基础设施的完善，很多符合或不符合安置条件的居民都陆续申请到保庄圩居住。2009年，淮河渐进式移民试点作为继续推进淮河综合治理的重点措施被批复。

2.1.4.3 第三阶段：2011年至今

本阶段以实施政府主导下的蓄滞洪区移民迁建工程为特征。

2011年12月《安徽省淮河行蓄洪区及淮干滩区居民迁建规划》的批复，标志着政府主导下的移民迁建工程正式开启。目前实施的蓄滞洪区移民迁建工程是避灾移民，也可称之为预防性移民，属于未雨绸缪的行为。移民迁建的政策是"政府主导、群众自愿"，居民可以自行选择迁或不迁，群众搬迁的积极性总体不高。

此次蓄滞洪区移民搬迁的内在逻辑可以表示为：政府主导移民迁建→移民→洪水风险→政府下令蓄洪→洪涝灾害→土地被淹没→生产受到影响。若不安全，群众由于种种原因，选择不移民，那一旦启用蓄滞洪区，这个逻辑就变为阶段一"建设—淹没—重建—淹没"的恶性循环。

淮河行蓄洪区居民迁建得到国家和水利部的高度关注，根据2010年国务院治淮工作会议，安徽省水利厅编制了《淮河行蓄洪区及淮干滩区居民迁建规划》，自2011年以来，安徽省发改委、水利厅依据该迁建规划，先后批复了 2010 年、2011 年居民迁建实施方案，共计 14028 户 47005 人。经数次修改、完善，2016 年 3 月《安徽省淮河行蓄洪区及淮干滩区居民迁建规划（修编）》形成，标志着政府主导下的淮河行蓄洪区移民迁建工程进入一个新的阶段。

2.2 蓄滞洪区移民的必要性与可行性

2.2.1 蓄滞洪区移民迁建的必要性

（1）经济社会状况发生深刻变化，蓄滞洪区运用决策难度加大。我国蓄滞洪区设立之初，人口较少，经济落后，蓄洪与发展的矛盾不明显。但是，近 20 年来，部分蓄滞洪区经济发展速度加快，人口逐年增长，蓄滞洪区逐渐成为该地区居民赖以生存的基地。蓄滞洪水必然使区内居民的生产和生活受到很大影响，特别是运用概率高的蓄滞洪区，由于经常性地开闸蓄洪，对社会稳定形成冲击，区内居民生活不安定，经济发展缓慢。随着社会经济的发展，部分蓄滞洪区经济发展迅速，财富积累大大增加，一旦运用会造成巨大的损失。加上区内群众的小农发展模式，抵御灾害能力很弱，更难配合防洪运用。所以蓄洪作为防洪的重要环节，虽有法规可依，但启用决策越来越难[178]，致使蓄洪与居民生存和发展的矛盾日渐突出。

（2）安全设施建设滞后，人口安全问题尚未根本解决。淮河流域城西湖蓄洪区现有人口 18.78 万人，除居住在安全庄台上的 1.36 万人和居住在保庄圩的 0.21 万人外，尚有 17 多万人在蓄洪时须临时撤退，安全设施严重缺乏。长江流域蓄滞洪区尚有大量人口无安置设施，部分建有少量的安全区、安全台，如荆江分洪区、民主垸等，部分实施了移民建镇，如澧南、围堤湖和西官垸，蓄滞洪区启用困难[179]。安全设施建设滞后，撤退转移道路少，就地避洪设施不足等，难以做到及时有效的运用，区内人口安全问题尚未根本解决，这与蓄滞洪区设立的初衷相背离。

第2章 蓄滞洪区移民问题及理论分析框架

(3) 撤退转移损失巨大，行蓄洪后返贫问题突出。随着区域经济和社会的发展，受保护对象的防洪标准得以提高，大量人口居住在蓄滞洪区低洼地区，一旦达到设计洪水位，仍有大量居民需要紧急转移疏散。大量的人口撤退转移耗费了巨大的人财物力，给当地政府和群众带来了沉重的负担，也严重影响到区内居民的日常生产、生活。同时，蓄滞洪区的适时启用受到撤退转移工作的影响难以进行。农民自身的抗风险能力比较弱，分蓄洪水造成土地受淹、房倒屋塌、损失巨大，一场洪水，就可能使蓄滞洪区群众的生活倒退若干年，"大干苦干加油干，一场大水都完蛋"的玩笑话曾在蓄滞洪区里广为流传。虽说国家在启用蓄滞洪区时，对群众的生活做了一定的安排，但只要群众还生活在蓄滞洪区，还依赖蓄滞洪区的土地生活，他们就很难过上富裕的生活。除了财务的损失，安全转移人口多，安置难度大，汛后堵口复堤和灾后恢复任务重，区内群众返贫现象突出。

(4) 区内居民居住条件差，人水争地现象加剧。由于蓄滞洪区人口的持续增长，区内土地开发利用程度不断提高，围湖造田、无序开发等问题愈演愈烈，人水争地矛盾越来越突出，大大降低了蓄滞洪区调蓄洪水的能力。目前，区内约22.93%的群众居住在庄台上，人均居住面积仅为25.35平方米，远超安置容量，居住拥挤不堪。低洼地人口众多，占行蓄洪区内总人口的50.33%。公共设施不完善，饮用水安全问题严重，医疗卫生条件差。一旦洪水泛滥，庄台被水包围，形成了一个个孤零零的小岛，与外界的联系极为不便，汛期长期面临内涝风险。人水争地是造成区内群众生产生活条件难以提高的根本原因，在这一前提下，改善蓄滞洪区内居民生产生活条件这个问题是无解的，必须实施人口控制与转移。

(5) 经济发展水平落后，整体贫困程度较深。由于蓄滞洪区的功能定位，区内发展受国家有关防洪法律法规的限制，蓄滞洪区经济社会发展受阻，主要生产方式为初级农牧业生产，第二、第三产业发展相对滞后，蓄滞洪区社会经济发展规模和速度相对较低。许多地区远远落后于全国平均水平，群众生活比较困难。目前，安徽省蓄滞洪区是全省最集中的贫困地区之一，辖8个国家级扶贫重点县、3个省级扶贫重点县，以及28万贫困人口。从长远看，保障蓄滞洪区正常蓄洪，解决群众防洪安全，实现群众脱贫致富，与全省人民同步奔小康，最根本的出路是转移居民，以确保人口逐年减少。

2.2.2 蓄滞洪区移民迁建的可行性

（1）区内常住人口持续减少，人口密度大幅降低。农业基础设施薄弱，农民生产方式落后，加上常年受洪水影响较大，蓄滞洪区农民种地的收入很少，不足以补贴家庭的日常开销。家庭经济状况的好坏，取决于是否有家庭成员在外务工，"打工经济"现象普遍存在于蓄滞洪区，农户对土地的依赖程度下降，外出务工成为主要的收入来源。根据对城西湖蓄洪区的调研，发现区内实际居住人口数仅为家庭总人口数的2/3，并且仍有继续扩大的趋势，"空心村""空心庄台""空心圩"现象较普遍，居民普遍有向城镇移民的倾向。

淮河流域平均人口密度是全国平均人口密度的4.5倍[180]，人水争地的矛盾非常突出。根据2009年《全国蓄滞洪区建设与管理规划》，淮河行蓄洪区总人口从2011年的268.50万人，减少到2018年的99.07万人，人口减少了169.43万人，减少幅度高达63%。蓄洪总面积从5283.9平方千米减少到2813.4平方千米，人口密度从508人/平方千米降至352人/平方千米。目前，淮河大部分行蓄洪区的人口密度为200~400人/平方千米。可见，区内常住人口持续减少，人口密度大幅降低。同时，"打工经济"现象，也说明了区内农民希望走出去的迫切愿望，这些将对蓄滞洪区移民迁建产生积极的影响。

（2）经济发展受限，提升空间乏力。蓄滞洪区设立的目的是为了临时蓄滞超额洪水，减少损失，牺牲局部，保护全局。从这个意义上来说，蓄滞洪区内的经济损失自然是越少越好，这也意味着区内经济发展需要维持在低水平，蓄滞洪区为国家重点限制发展区域，因为长期以来国家限制发展的政策，蓄滞洪区社会经济平均发展规模和速度都偏低，很多地区远远落后于全国平均水平。对于区内群众来说，他们同样有发展经济、追求富裕的需求。既要减少损失，又要发展经济，而经济好了就意味着启用时损失变大，而经济不好，又违背了当地群众的需求[181]。据统计，我国98处国家级蓄滞洪区涉及158个县，其中国家级贫困县和省级贫困县分别有21个和13个，贫困县所占比例为21%[32]。由此可见，尽管与区外相比，区内群众的生产生活条件有了较大的改善，但巨大的差距依然存在。比起蓄滞洪水时的"主动牺牲"，长期以来的限制性发展政策对蓄滞洪区影响更大，蓄滞洪区经济发展存在两难的困境，经济发展提升空间乏力，同时也为蓄滞洪区移民迁建提供了重要契机。

2.3 淮河行蓄洪区移民政策

2.3.1 政策依据、意义与目标

2.3.1.1 政策依据

淮河行蓄洪区移民政策以近几年出台的行蓄洪区规划为依据，主要包括：《安徽省淮河行蓄洪区及淮干滩区居民迁建规划（修编）》《安徽省人民政府关于进一步加强行蓄洪区脱贫攻坚工作的若干意见》《安徽省淮河行蓄洪区安全建设规划（2018—2025年）》《安徽省淮河行蓄洪区人口控制规划（2018—2025年）》。

2.3.1.2 政策意义

淮河行蓄洪区居民迁建规划实施后，安徽沿淮主要行蓄洪区内不安全人口大大减少，避免了行蓄洪时大规模转移群众，并使低洼地群众从根本上摆脱洪水威胁，过上安全稳定的生活。可使沿淮主要行蓄洪区既能适时适量、安全分蓄超额洪水，为流域全局的防洪安全发挥作用，又能改善居民生存和发展条件，改善民生状况，有益于淮河的防汛调度和淮北大堤的防守，对提高抗洪减灾能力和改善生态环境具有重要作用。蓄滞洪区移民政策的实施，极大地促进了居民迁建区经济社会全面、协调、可持续发展

及生态环境改善，其经济、社会和生态效益巨大，且具长效显著性。

2.3.1.3 政策目标

到 2020 年，优先解决洪水频发的低洼地、洪涝灾害集中区和防洪风险较高地区及庄台超容量人口的转移问题，改善居民生活环境，帮助蓄滞洪区的贫困人口实现脱贫，提高防灾抗灾能力。到 2025 年，结合美丽乡村建设，继续推进移民工程，全面保护蓄滞洪区居民的防洪安全，生产生活条件明显改善，保障区内经济社会的可持续发展，实现蓄滞洪区的长治久安。具体分为以下三个阶段。

第一，重点突破阶段：2018~2020 年。安置 14.56 万人，其中居民迁建 6.31 万人，新建保庄圩就地保护安置 8.25 万人。

第二，持续推进阶段：2021~2023 年。安置 26.16 万人，其中居民迁建 19.03 万人，新建保庄圩就地保护安置 7.13 万人。

第三，全面建成阶段：2024~2025 年。安置 23.74 万人，其中居民迁建 14.93 万人，防洪保护区就地保护安置 8.81 万人。

2.3.2 移民的属性、目标、特点及对象界定

2.3.2.1 不同时期蓄滞洪区移民的属性分析

蓄滞洪区移民迁建工程是在政府引导与帮扶下的自愿性移民工程，从实践看，移民的自愿性越高，主动性越强，返迁率会越低，搬迁效果会越好。当前实施的蓄滞洪区移民是在洪灾尚未发生前的一种预防性移民，也可称之为避灾移民，根据胡子江（2015）关于避灾移民的论述，避灾移民具有自愿转移性特点[182]，那么蓄滞洪区移民在不同时期同样具有一定的"自愿与非自愿"的转换特性。当洪水未发生或尚未严重到威胁人的生存时，移民往往是自愿的；当洪水灾害已经造成严重威胁，移民会由自愿性转化为非自愿性。即无灾情况下蓄滞洪区移民具有自愿性，灾害发生后蓄滞洪区移民具有非自愿性。

群众自愿是当前实施的蓄滞洪区移民的重要方针。但是，农户的迁移决策是在一定自然环境和社会条件影响下作出的，除了那些自行搬迁到城镇的农户属完全自愿的移民，并不存在离开特定条件的完全自愿。目前，区内居民的生存权与安全保障问题已得到基本解决，农户在迁移上享有自主决策权，迁移原因更大程度上是为了自身和家庭成员更好的发展，应当更多地体现出自愿移民特征。因此，本书将蓄滞洪区移民界定为"政府主导下的自愿移民"。

2.3.2.2 蓄滞洪区移民的目标

为保证及时有效蓄滞洪水，按照"政府主导、群众自愿、统一规划、分步实施"的原则，用10年左右时间，基本完成沿淮行蓄洪区的居民迁建任务，为淮河行蓄洪区及时运用创造有利的条件，改善移民的居住条件和环境，提高移民生活水平。具体目标可以归纳为以下四点。

一是保护居民的生命和财产安全。在灾害风险管理理论指导下，以政府为主导，移民为主体，遵循"因险移民"理念，规避洪涝灾害风险，最大限度地保障居民的生命财产安全。

二是及时有效蓄滞洪水。设立蓄滞洪区的初衷是"牺牲局部利益，保障大局安全"，这决定了蓄滞洪区内人的发展必须以防汛为前提，即为保证及时有效蓄滞洪水，必须要将区内低洼地的人迁移出去，以降低蓄滞洪水带来的损失。

三是实现稳定富民。以移民搬迁活动为发展机遇，帮助移民群体摆脱贫困。在充分掌握移民意愿和利益的基础上，设计合理、灵活、具有可操作性的移民安置方式，科学制定移民安置方案，采取有效的政策措施降低移民风险，使移民工作成为扶贫工作的重要抓手。争取扶贫与移民建设相结合，促进移民生产生活的顺利恢复和可持续发展，实现更好的社会效益。

四是促进区域社会经济可持续发展。大规模移民不仅是一种空间转移，而且是一个涉及城乡发展和社会融合的过程。通过移民规划、政策管理等综合系统的有效运行，实现区域社会经济重建，合理规划土地利用，重新进行产业布局，促进区域综合可持续发展。

2.3.2.3 蓄滞洪区移民的特点

蓄滞洪区移民是指根据区域生态、经济和人口和谐发展的要求，在政府的主导和组织下，依据自愿原则，将区内居民搬离其原居住地迁往他处的永久性迁移行为，属于避灾移民的范畴。它既具有一般移民的共性，又有某些自身的特点，其独特性主要表现在以下几点（如图2-2所示）。

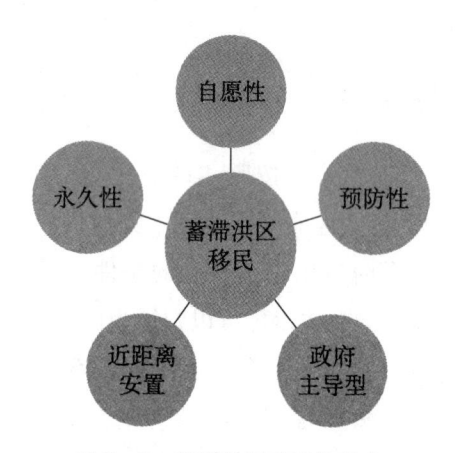

图2-2 蓄滞洪区移民的特点

一是自愿性移民。蓄滞洪区移民迁建的政策是"政府主导、群众自愿"，所以迁移与否的决定权在农户手中，农户可以自行选择迁或不迁，这是与工程类移民最大的不同。

二是预防性移民。现阶段实施的移民工程是针对蓄滞洪区不安全群众实施的常态下的搬迁，属于预防性移民。预防性意味着是在灾害发生前采取的移民搬迁行动，最大限度地保护人的生命和财产安全，使社会经济活动得以继续。

三是政府主导型移民。蓄滞洪区移民是政府主导型移民，是政府统一组织实施，而不是自发性的。当然，政府也鼓励移民自行安置。

四是具有就近安置的特点。蓄滞洪区移民搬迁安置点是保庄圩、庄台和附近的乡镇，搬迁距离近，在5千米左右，其他如水库移民、生态移民等搬迁距离较远。

五是永久性迁移。蓄滞洪区移民搬迁是一次性将不安全群众从不宜居住的地区搬迁出来,以定居为目的、不再返回的永久性移民,与其他季节性、短期的移民有着根本的不同。

2.3.2.4 移民对象界定

根据2016年3月出台的《安徽省淮河行蓄洪区及淮干滩区居民迁建规划(修编)》,将居住在淮河行蓄洪区和淮河干流滩区设计洪水位以下以及行蓄洪区庄台上超过安置容量的人口作为移民实施的对象。根据2018年10月出台的《安徽省行蓄洪区人口控制规划》,将区内居住在保庄圩内的安全人口、居住在设计洪水位以下的不安全人口和居住在庄台上的人口作为移民实施的对象。《安徽省行蓄洪区人口控制规划》增加了区内居住在保庄圩内的安全人口和居住在庄台上的人口。本书的移民对象以《安徽省行蓄洪区人口控制规划》为依据。

2.3.3 迁移安置方式

积极实施多元化安置方式,对行蓄洪区内的居民实行渐进式搬迁,优先把行蓄洪区的贫困人口纳入搬迁安置范围。根据人口分布特点和群众意愿,主要采用区外安置和区内安置两种安置方式,鼓励投亲靠友或购买商品房等自主安置方式。按照靠近城区、靠近镇区、靠近产业园区原则选择集中安置区,便于移民就地就近就业,改善群众生产生活环境。统筹考虑外迁后靠和保庄圩工程建设,科学合理地制定安置方案,使方案具有可操作性,易于实施,有利于方便群众生产生活(如图2-3所示)。

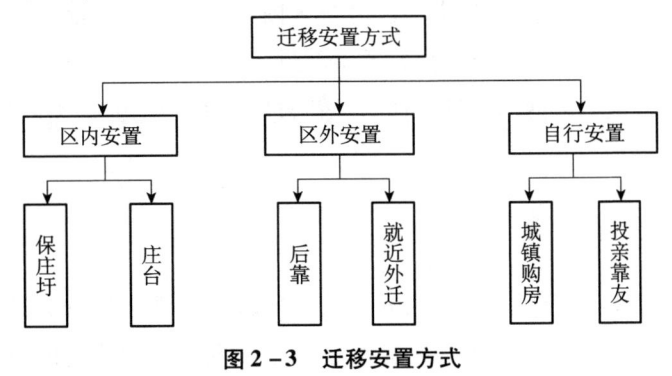

图2-3 迁移安置方式

2.3.3.1 区内安置

区内安置指在蓄滞洪区内就近安置,包括保庄圩和庄台等形式。区内安置是目前蓄滞洪区移民的主要安置方式。

保庄圩,也叫安全区,是在蓄滞洪区内以城镇、自然村或高岗地为基础,通过修筑围堤形成一个范围较大、相对安全的居民居住场所。人均面积大,居住宽敞是保庄圩的特点,既能保护居民生命财产安全,又利于进行公共设施建设,方便居民生活,也可为小城镇建设、乡镇企业发展、乡村振兴提供有防洪安全保障的基地。淮河行蓄洪区内及区外现有保庄圩43座,总保护面积270.6平方千米,现保护人口38.41万人。

庄台,也叫安全台,是就地就近堆筑出高出设计蓄洪水位的、范围较大的台面,为居民提供安全居住的生活区域。其优点是离耕地较近,便于耕作;缺点是要有相对充足的堆筑土源,修建工程量大,占地多。规模较小的庄台,则居住拥挤,卫生条件较差。因此,有条件的地区要结合乡村振兴和小城镇建设,尽量建设规模较大的庄台。淮河行蓄洪区现有庄台199座,台顶总面积576公顷,现居住人口22.72万人。

2.3.3.2 区外安置

区外安置指蓄滞洪区内居民外迁或后靠到蓄滞洪区外安全地区进行安置,彻底解决居民居住安全的一种模式。具体可分为两种模式:离水不离地的"单退"和人地分离的"双退"。"单退"是将区内居民就近迁至区外城镇、村庄后,不脱离原有耕地,仍在区内耕作。从尽可能减少居民迁移影响出发,"单退"的搬迁距离一般不超过5千米,基本不影响群众生产生活。"双退"是将区内居民迁至城镇、新村后,不再依赖耕地生活,其生产方式发生变化。

2.3.3.3 自行安置

自行安置是对于有条件的区内居民,采取一次性补偿的方式,让其自行搬迁至区外,或进城镇购买商品房或投亲靠友离开原住地的自主安置方式，原有的土地则按照自愿原则转租他人或由政府统一收购。自愿外迁居民的典型特征是经济上的相对富裕和谋生的能力较强，目前由于收入限制，选择自行转移方式的居民数量较少[179]。进城镇购买商品房的自行安置方式符合城镇化趋势，值得提倡和鼓励，要使之成为主流安置方式。

2.3.4 迁移安置方式的比较分析

由表2-3可以看出，从蓄洪安全性的角度看，蓄洪期间保庄圩容易发生内涝，保庄圩圩堤本身也有一定溃堤的可能，因此存在安全风险；庄台则成为一座孤岛，居民出行只能乘坐小船，生活极为不便，也有安全隐患；区外安置则远离了洪水的威胁，安全性高。从居住面积看，庄台的居住面积远远小于保庄圩面积，庄台人口密度大，人畜共居，环境卫生是个很大的问题。从生产便利性的角度看，庄台生产半径比保庄圩要小，庄台安置较为理想；对于区外安置，"单退"的话，耕种半径增大，生产不便，"双退"的话，土地转租或被政府收购，生产方式发生变化，不存在耕作半径问题。从宜居环境看，庄台最差，其次是保庄圩，远离洪水威胁的区外移民最佳。

表2-3　　　　　　　三种迁移安置方式对比分析

安置方式	蓄洪安全性	居住面积	生产便利性	洪水危险程度	汛期生活
区内安置（保庄圩、庄台）	仍住在区内，安全性较注地高，较区外低	保庄圩：面积增大；庄台：面积较小	保庄圩：耕种半径增大，生产便利性降低；庄台：生产便利	基本脱离洪水危险	出行不便，生活难度依旧
区外安置	搬出蓄滞洪区，安全性高	面积增大	"单退"：耕种半径增大，生产不便；"双退"：土地转租或被政府收购	完全远离洪水危险	较好，行蓄洪对生活无影响
自行安置	自愿搬出蓄滞洪区，安全性高	自愿行为，面积视情况定	土地转租出去或政府收购	完全远离洪水危险	较好，行蓄洪对生活无影响

2.3.5 迁移安置方式的农户认知比较

移民迁建的实施需要区内农户的积极配合和参与，因此需要分析蓄滞洪区农户对迁移安置方式的认知与看法，以城西湖蓄洪区的调研为例做一比较分析（见表2-4）。以下分析均是结合专家访谈和区内农户问卷和访谈意见，具体分析如下。

表2-4　　　　　　　　三种移民安置方式的农户认知比较

类型	蓄洪期安全性	蓄洪期生活便利度	耕种半径	生产方式变化	基础设施水平	生活便利度	邻里关系
庄台安置	2	1	1	1	1	1	1
保庄圩安置	1	2	2	2	2	2	2
区外安置	3	3	3	3	3	3	3

注：数据来源于专家问卷、农户访谈后的作者总结评分，数值1为最小、3为最大。

（1）蓄洪期安全性。保庄圩得分最低，其次是庄台，区外移民最安全。虽然三种安置方式都能保障居民的生命财产不受洪水影响，但相比区外移民，保庄圩有溃堤的可能，而庄台的台基也有被冲毁的可能，且前者的概率高于后者。

（2）蓄洪期生活便利度。庄台、保庄圩和区外安置三种方式在蓄洪期的生活便利程度依次增高。蓄洪期间蓄滞洪区内的洼地将被淹没，湖心庄台居民只能提前储存生活用品或依靠国家救济，外出只能坐船。保庄圩在蓄洪期间容易出现内涝，给居民出行带来一定不便，整体来讲基本生活不受影响。区外移民则完全不受蓄洪影响。

（3）耕种半径。庄台、保庄圩和区外安置三种移民迁建方式都将导致耕种半径增大，且是依次增大。庄台可最大程度地减少耕种半径的增加，保庄圩次之，区外移民的生产半径增加最多。

（4）生产方式变化。庄台、保庄圩和区外安置三种方式对农户生产方式的变化依次增大。庄台生活环境变化不大，生产方式基本没有变化。保庄圩因占地较多会导致部分农户失去耕地，因此部分农户的生产方式会发生变化。区外移民因生产半径增加较多，很多农户会放弃耕地，选择非农生产方式。

（5）基础设施水平。庄台、保庄圩和区外安置三种方式的基础设施水平依次提高。庄台的人均居住面积不足 25 平方米，居住拥挤，基础设施条件有限，生存环境较差。保庄圩的人均面积有 60 平方米，基础设施相对完善，生活环境优于庄台。区外移民基本是靠近城镇，基础设施水平较为完善。

（6）生活便利度。庄台、保庄圩和区外安置三种方式的生活便利程度依次增大。庄台，尤其是湖心庄台，交通不便，上学、就医和购物等均有诸多不便。保庄圩内建有中小学、职业学校、小型医院等，生活较为便利。区外移民融入城镇体系，生活最为方便。

（7）邻里关系。庄台、保庄圩和区外安置三种方式的邻里关系改变程度依次增大。庄台多为整村安置，邻里关系基本不变。保庄圩是由几个自然村的居民组成，邻里关系有一定的变化。区外移民由于搬迁距离最大，邻里关系的改变程度也最大。

2.3.6 安置区建设标准

2.3.6.1 移民建房

移民建房依据"统一规划，适当集中，兑现政策，自主建房"的原则，既要经济实用，也要结合当地实际。安置区新建住房面积按每户房屋总面积控制在 160 平方米之内，实施中可结合移民自身的经济能力适当调整，住宅房型设计可借鉴参考当地小城镇建设住宅的设计成果。随着城镇化进程的加快和农民离农进城意愿的日渐高涨，可通过政府有序引导，结合国家的移民迁建政策，鼓励越来越多的移民进城购房。

2.3.6.2 公共设施

为了方便移民的生产和生活，安置区应当统一规划，以乡村振兴建设标准为参照对象，配套建设水、电、路等基础公共设施和教育、医疗、卫生等公共福利设施。依照国家补贴和人民自筹相结合的方式筹集资金，并根据不同的筹资情况，采用相应的建设标准和建设内容。所有公共设施要立足现状，着眼长远，按照统一规划的要求，分期实施，逐步完善。

2.4 主要问题与研究启示

2.4.1 实施中的主要问题

大量人口生活和生产在蓄滞洪区是中国特有的社会现象，蓄滞洪区移民难度大、情况复杂，在国际社会无经验可循。当前，蓄滞洪区移民迁建与原灾后移民迁建存在着一些共性问题，实施过程中也出现了一些新问题，现以我国淮河蓄滞洪区移民为例，将其主要问题概括如下。

（1）中央补助标准太低，无法满足群众建房需求。2003年灾后移民建房，中央每户补助1.5万元，2007年灾后重建提高到每户1.8万元。建新房拆旧房的居民，根据2011年价格水平，居民迁建补助标准为4.62万元/户（中央3.3万元/户，省级1.32万元/户）。2017年8月，居民迁建省级配套补助标准每户提高1万元，即省级配套补助每户2.32万元，当前的中央和省级补助标准共5.62万元/户，即使这样，除去用于基础设施的0.8万元/户，人均仅为1.61万元，远低于易地扶贫搬迁（5.7万元/人）和黄河滩区居民迁建（中央补助7万元/户）的补助标准，这与群众实际建房成本相比差距太大。加上飞涨的建材价格和人工费用，大大抬高了建房成本，而且地方配套资金难以到位，资金缺口仍然较大，需要农户自筹资金，但由于区内农户收入主要靠农业生产和外出务工，收入来源单一，群众自筹经费困难，搬迁积极性总体不高，观望情绪浓厚，实施难度较大。截至2017年，安徽省淮河行蓄洪区及淮干滩区居民迁建工程共迁移安置人口

6.08万人，仅占规划迁移人口的12%。搬迁使本就困难的农户家庭雪上加霜，补助太少，群众无法接受，配套补助不足成移民迁建最大难题[183]。

（2）规划保庄圩安置点难落实，已建保庄圩和庄台基础设施较薄弱。淮河蓄滞洪区一半以上的不安全人口采取保庄圩安置方式，地方政府和群众对移民安置方案的意见不能统一。群众从自身利益出发，对安置方案的期望值高，期望安置点在既能大幅度提高生产、生活条件，又能增加就业机会、交通便利的县城周边。而地方政府制定的迁建方案，首要解决的是群众的安居问题，其次是尽量节约安置用地，避免大范围土地调整影响社会的稳定。由于成本太高、工作难度太大，地方政府难以满足群众需求，加上安置区用地置换难度大，导致保庄圩的具体安置点难以落实，大部分的规划保庄圩尚未批建，严重影响了居民迁建工程的正常进度。

在移民安置中，国家对基础设施的补助标准为每户0.8万元，由于地方财政配套不力，群众自筹资金难度大，依靠国家补助仅能解决安置区的水电及内部道路等基础设施建设，而安置区的对外交通、医疗、教育及卫生等公共设施无力解决，无法满足群众生产生活要求。已建保庄圩内的排水设施缺乏，积水现象严重，庄台空间狭小，卫生状况差，无论是保庄圩还是庄台，道路状况和用水安全情况堪忧，给移民工作带来很大的阻力。

（3）耕种半径加大，移民生产生活不便利。蓄滞洪区经济相对落后，农业生产收入是群众收入的主要来源之一，土地依赖程度较高，移民后居住地位置发生变动，但土地未动，还在原村庄，不少移民将远离原有的耕地，耕种距离普遍增加，近的二三里路，远的十几里路，区内从事农业生产者多是老年人，增加了劳动出行成本，耕种不便，影响了移民的生产积极性，加大了移民的生产生活难度。土地是农民的命，失去了土地，农民也就失去了生活来源。部分搬迁户因为搬迁距离太远，耕种不便，他们中一部分人直接将政府分的房子转手卖掉，仍然住在不安全庄台上或是低洼地，增加了移民迁建工作的难度。

（4）农户移民热情不高，存在搬迁顾虑。蓄滞洪区移民是自愿移民，给了农户迁或不迁的自由。乡土情结，熟人社会，周围的一切都是熟人熟事熟地,粮食自家生产,果蔬自家种植,鸡鸭自家养殖,生活基本上自给自足,在这个环境里得心应手。突然迁移至一个陌生的环境,难免不适应。尤其不少上了年纪的老人,只要不是特大洪水,一般情况下是不愿意离开自己祖祖辈辈生活的地方。何况迁移需要足够的建房成本,移民以后的生计来源也是个很大的问题,土地还在蓄滞洪区里,大多数人会表现出留恋、顾虑和担心,不愿意搬到外面去。把人迁移出去实施起来确实有难度,改变安土重迁的传统观念需要一个过程。另外,蓄滞洪区未启用年份仍可照常生活、生产,成为不利于移民搬迁的重要客观因素,而且现阶段实施的移民迁建是常态下的搬迁,迁建范围大多为标准较高的蓄滞洪区,因为多年未被启用,不妨碍日常生活,不少人存在侥幸或麻痹心理,要做出永久迁移的决策对他们来说并非易事。这是目前淮河行蓄洪区移民中最大的问题。

2.4.2 研究启示

对上述蓄滞洪区移民的属性、特点、安置方式、移民政策、实施中存在的主要问题等的整理归纳,可以从中得到以下启示。

(1) 从农户的角度进行研究。蓄滞洪区移民搬迁来自政府政策的顶层设计,通常研究方法是从政府入手,分析政府的政策制定、执行、实施效果等问题。作为政策的实施对象——蓄滞洪区农户,他们是否愿意迁移、对移民政策是否满意、有哪些顾虑、还有哪些需求,单从政府的角度是难以回答的。如果绝大多数农户不积极响应,政策将很难达到理想的实施效果。因此,从农户视角分析蓄滞洪区移民问题值得研究,并应当受到重视。

(2) 农户迁移的动力机制研究。"为什么迁移"是移民中的核心问题。动力机制研究可以了解事物发展的规律,把握事物发展的共性,以采取适当措施,推动事物良性发展。农户能否做出迁移的决策在很大程度上有赖于农户迁移的动力机制是否完善、动力机制的运行过程是否稳定。所以,蓄滞洪区农户迁移的动力机制问题值得研究。

(3) 待迁农户的迁移意愿与迁移决策研究。农户是移民迁建的主体，移民迁建工程只有通过广大农户的积极参与，才能实现工程目标。如果不了解农户的迁移意愿，就难以完全把握农户迁移决策研究的起点，乃至移民政策完善的切入点。待迁农户目前的总体迁移意愿如何？分析农户迁移意愿的影响因素，有没有一些措施可以提升农户的主动搬迁意愿？研究蓄滞洪区农户迁移决策，需要对以上问题做出回答。

(4) 农户与政府之间的博弈问题研究。移民是区域经济和社会功能的重新组织与融合，既是政治行为，也是社会经济行为。对于敏感的移民补助标准问题，需要农户的参与，要通过由下而上的反馈，建立一个合情合理的讨价还价机制，构建地方政府和农户的利益博弈模型，在政府的移民目标和移民的迁移意愿中间找到一个适当的度。农户与政府之间的博弈问题值得研究。

(5) 蓄滞洪区移民的激励机制研究。当前，蓄滞洪区移民面临的最大问题是农户迁移积极性不高，不愿意移民。蓄滞洪区移民不同于水库移民、生态移民、易地扶贫移民等，国内外没有现成的经验可以借鉴。为提高农户迁移的积极性，必须建立促进农户迁移的激励机制，促使农户自愿、主动地移民，从而有效地推动蓄滞洪区移民工程的顺利实施。因此，激励机制应是当前蓄滞洪区农户迁移亟须解决的重点研究问题。

2.5 理论分析框架

2.5.1 理论框架构成分析

结合第1章的关键概念界定与理论基础，以及本章在蓄滞洪区移民现状与问题基础上提出的研究启示等内容，本书的理论分析框架在纵向维度上应按照"迁移动力机制分析—迁移态度调查—迁移意愿与迁移决策行为分析—移民激励机制设计"的脉络展开深入探讨。

2.5.1.1 迁移动力机制分析

本部分包括两个内容：迁移动力的形成机理分析、迁移动力机制的综合分析。

借鉴"推—拉"理论探讨了农户迁移动力的形成机理，总结了由迁移动力激发、动力培育、动力转化和动力反馈组成的完整的动力机制链条。构建了蓄滞洪区农户迁移动力机制的综合分析框架，包括来自政府移民政策的大力支持和推动，迁出地恶劣生存环境的强大推力，安置地良好的人居环境、生活条件及发展机遇的拉力，以及来自农户自身发展需求产生的内在驱动力，当然，中间会有来自各方的各种障碍因素的影响。

运用社会学理性选择理论分析了农户迁移动力产生的深层机理，认为生存理性是 2003 年、2007 年灾后移民搬迁的动因。随着生存条件的改善和社会的变迁，生存视角无法有效解释现阶段的移民现象，当前农户迁移动力的深层机理是经济理性和社会理性的体现。研究人类行为的动力机制、理解农户迁移的原因，有助于了解农户的心理需求，有助于开展针对性的工作计划、方针与政策，迁移的动力机制研究为蓄滞洪区农户在迁移中的选择行为提供了动力解释，是后续分析的前提。

2.5.1.2 迁移态度调查与分析

蓄滞洪区移民迁建工程的实施，涉及具体的宅基地变更和土地问题，将直接影响农户的利益。移民中，一方面，农户面临着耕地减少，甚至失去耕地的现实，以及收入降低的可能；另一方面，农户是移民的主体，只有通过广大农户的积极参与，移民工程才能实现其设定的目标。农户的迁移态度如何，直接影响到移民迁建工程能否顺利开展。分析不同农户对移民迁建工程的认知、判断和行为倾向，了解农户的总体迁移态度如何，有助于我们更好地理解农户的迁移决策行为，并有助于政府部门就待迁移民的态度采取一定措施，以提升政策实施的效率和效果。

2.5.1.3 蓄滞洪区农户迁移意愿及迁移决策行为机理分析

本部分包括三个主要内容：农户迁移意愿影响因素分析、农户迁移决策行为机理分析、农户迁移决策过程模型。

蓄滞洪区移民是在政府主导下的自愿移民，自愿移民若要成功推进，必须充分尊重潜在移民的迁移意愿，这是自愿移民研究与非自愿移民研究的一大区别。蓄滞洪区移民是一项具有扶助性质的福利政策，国家出资修建保庄圩和庄台的初衷是为群众办好事、谋福利。但是，由于农民自古以来的安土重迁思想，让他们离开祖祖辈辈生活的家园，普遍存在对未来的担忧和惧怕风险心理，所以并非所有人都有搬迁的意愿。意愿是行为的序曲，农户迁移意愿反映了农户迁移的决策行为倾向，对预测农户迁移行为发生与否具有十分重要的意义。

将社会学理性选择理论应用在农户迁移决策的分析中，发现在农户的迁移决策过程中，生存理性、经济理性和社会理性三者之间是相互补充又相互竞争的关系，共同影响着农户的迁移决策。以计划行为理论为基础，运用结构方程模型实证分析农户迁移决策的影响因素及其作用路径，据此阐释农户迁移决策的内在行为机理。

在农户迁移决策行为机理的研究基础上，提出一个农户迁移决策过程的理论模型，将农户迁移决策过程分为5个阶段，结合各个阶段的农户心态进行分析，以期把握蓄滞洪区农户迁移决策行为的基本特点和规律，为政府制定移民政策提供参考。

2.5.1.4 蓄滞洪区移民激励机制设计

本部分包括两个主要内容：农户与地方政府的博弈模型构建、基于博弈分析的蓄滞洪区移民激励机制设计。

从蓄滞洪区移民中的主要利益主体——地方政府和农户入手，分析二者的利益目标和行为取向，运用博弈理论构建地方政府和农户的利益博弈模型，并对博弈均衡进行分析。基于博弈分析，探讨移民激励机制构建的路径，建立农户与地方政府协同联动的移民激励机制，促使农户自愿、主动地移民，促进地方政府加快落实蓄滞洪区移民的地方配套政策和具体措施，是推动蓄滞洪区移民顺利进行的政策保障。并结合研究区域的实际情况，提出蓄滞洪区移民的具体实施建议。

2.5.2 理论分析框架的提出

围绕蓄滞洪区农户迁移决策问题，本书将重点关注以下四部分内容：农户迁移的动力机制分析、农户迁移态度调查与分析、农户迁移意愿及迁移决策行为机理分析、移民激励机制设计，其构成了蓄滞洪区农户迁移决策与激励机制研究的理论分析框架，具体如图 2-4 所示。

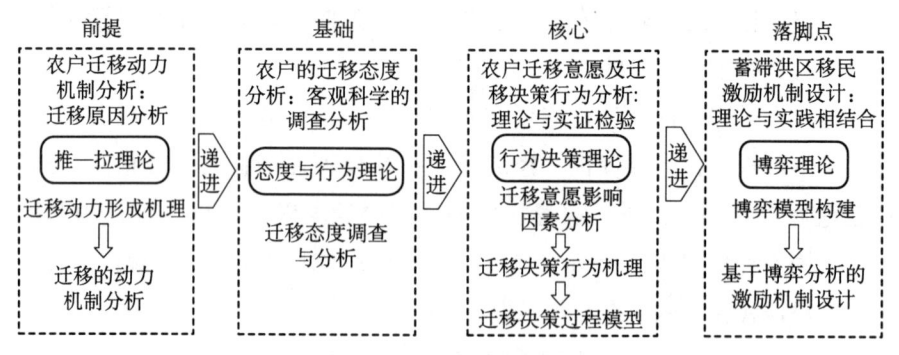

图 2-4 理论分析框架

蓄滞洪区农户迁移动力机制分析是研究的前提。人类的一切活动总是由一定的原因引起，既有内在动因，也有外在动因。事物的发展变化都有其动力机制在起作用，明确农户迁移的动力机制，包括内在的动机和外在的推拉力，是分析蓄滞洪区农户迁移决策问题的一大前提。

蓄滞洪区农户迁移态度调查与分析是研究的基础。决策可以分为两个阶段，一个是调查分析阶段，一个是决策阶段。科学研究应建立在对事物的客观分析的基础之上。蓄滞洪区移民政策的目的是为群众谋福利，只有通过深入的调查分析，了解到群众的真实想法，才能使移民政策具有操作性，才能提高政府的工作效率。农户的迁移态度将直接影响移民迁建工程的顺利开展。了解并分析农户的迁移态度，有助于把握农户迁移决策研究的起点,是本书研究的基础工作。

蓄滞洪区农户迁移意愿及迁移决策行为机理分析是研究的核心。移民的核心内容是要充分尊重农户的意愿,确保农户的知情权、参与权、决策权。农户的迁移意愿反映了农户迁移的决策行为倾向,可以有效预测蓄滞洪区农户的迁移行为。农户迁移决策问题是本书研究的重点,分析农户迁移决策的内在行为机理,提出农户迁移决策过程的理论模型,有助于把握蓄滞洪区农户迁移决策行为的基本特点和规律,规范农户的迁移行为,为政府制定移民政策提供参考。

蓄滞洪区移民激励机制设计是研究的落脚点。构建地方政府和农户的利益博弈模型,基于博弈均衡结果,设计蓄滞洪区移民的激励机制以引导和激励农户自愿迁移,是推动蓄滞洪区移民顺利进行的政策建议。总之,无论是农户迁移动力机制的分析,迁移态度的调查分析,还是农户迁移意愿及迁移决策行为分析,归根结底是为了让更多的农户自愿主动地选择迁移,推动蓄滞洪区移民迁建工程的顺利实施。故而蓄滞洪区移民激励机制设计是本书的理论性总结和研究的落脚点。

2.6 小　结

本章梳理了蓄滞洪区移民搬迁的历史演变,将蓄滞洪区移民分为三个阶段,总结了每个阶段移民搬迁的内在逻辑。从五个方面分析了蓄滞洪区移民迁建的必要性:经济社会状况发生深刻变化,蓄滞洪区运用决策难度加大;安全设施建设滞后,人口安全问题尚未根本解决;撤退转移损失巨大,行蓄洪后返贫问题突出;区内居民居住条件差,人水争地现象加剧;经济发展水平落后,整体贫困程度较深。从两个方面分析了蓄滞洪区移民迁建的可行性:区内常住人口持续减少,人口密度大幅降低;经济发展受限,提升空间乏力。将当前实施的蓄滞洪区移民属性界定为"政府主导下的自愿移民",并总结了蓄滞洪区移民的五大特点:自愿性、预防性、政府主导型、就近安置、永久性迁移。

概括了当前淮河行蓄洪区移民迁建中存在的主要问题：中央补助标准太低，无法满足群众建房需求；规划保庄圩安置点难落实，已建保庄圩和庄台基础设施较薄弱；耕种半径加大，移民生产生活不便利；农户移民热情不高，存在搬迁顾虑。据此，提出了农户决策的研究视角，并总结提出了"迁移动力机制分析—迁移态度调查—迁移意愿与迁移决策行为分析—移民激励机制设计"的理论分析框架。

第3章 蓄滞洪区农户迁移的动力机制分析

本章主要回答"促使农户迁移的动力是什么"的问题。人口迁移的动力，是移民中的核心问题，也是人口学、经济学和社会学研究的重要课题。"为什么迁移"是几乎所有移民类型都要回答的问题。动力研究可以把握事物发展的共性，了解事物发展的规律，以采取适当措施，推动事物向着良性方向发展[184]。新迁移经济学指出移民是理性选择[185]，认为家庭是追求收益最大化的主体单位，而非个人。在利益导向驱使下，人们的需要和利益是农户做出迁移决策的内在动因和思想动机。

事物的发展变化都源于动力机制的作用，动力机制的本质是揭示不同动力对事物发展的基本作用原理及其传导过程。农户迁移的动力机制就是揭示农户迁移的各种动力、阻力与农户迁移的内在关系。迁移动力机制分析，即迁移原因分析是研究蓄滞洪区农户迁移决策问题的前提，只有从农户迁移的原因出发，才能更好理解农户的迁移态度，以及迁移意愿和迁移决策行为，从根源上调整与优化蓄滞洪区移民政策。目前，对于移民搬迁的基本动因的解释，学者们普遍采用人口迁移的"推—拉"理论。本章沿用这种思想，运用"推—拉"理论分析农户迁移的动力机制，为蓄滞洪区农户在移民中的选择行为提供理论支撑。

3.1 迁移动力的形成机理及运行过程

3.1.1 迁移动力的形成机理

"动力"是指做一件事的力量来源，用来回答"个体为什么会产生行为?""个体是基于什么原因产生行为的?"等问题。世间万事万物的发展都有其驱动力,农户迁移行为也有其动力,农户迁移动力就是形成农户迁移行为的一切驱动性因素[186]。迁移是农户自身主观需要和外在环境、政策共同作用下产生的一种社会行为。蓄滞洪区农户迁移受到多种动力的影响,迁移来自各种动力因素的相互组合和作用,包括来自外部的动力和来自农户自身的动力(如图3-1所示)。外部动力主要是指产生移民的客观环境条件,如迁出地恶劣的生存环境、蓄滞洪水的需要、交通设施的不便、生活贫困等;安置地良好的自然环境、完善的公共基础设施、较高的教育医疗条件和较多的就业机会等;政府给予的移民补助和政策优惠。农户自身的动力则是指农户自身发展需求产生的动力,如远离恶劣的生活环境、对更多利益的追求、对美好生活的向往、对自我和家庭成员发展能力的预估等。

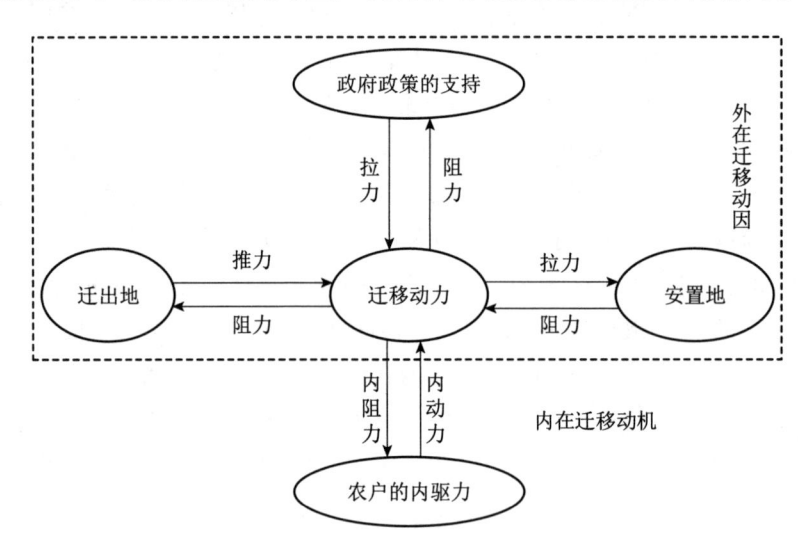

图 3-1 农户迁移动力的形成机理

3.1.2 迁移动力的运行过程

3.1.2.1 迁移动力激发

蓄滞洪区移民的顺利实施,重在激发农户的迁移动力。需求是动力的起点,动力激发主要从两个方面着手:一要充分激发迁移动机,通过政策宣传、沟通交流等方式激发农户的移民需求,引导他们转变观念,激发他们摆脱恶劣环境、追求美好生活、实现自我发展的内在驱动力,让他们认识到要想彻底改变贫穷落后的现状,只有走出蓄滞洪区才能实现;二要激发地方政府实施移民迁建的决心和信心,激发地方政府对待迁农户实际帮扶、支持的动力,认真听取农户意见,尽量满足他们的需求。当然,这些需求并不都合理。对于那些不合理的需求,应耐心做好解释工作;对于合理需求,政府应认真听取并有取舍地采纳;对于不愿迁移者,更要充分尊重他们的选择,分析原因,不能强制移民。

3.1.2.2 迁移动力培育

仅有迁移需求及原始的迁移动力,农户不一定会移民,由于受政策、环境和自身等因素的影响,这种原始动力是不稳定的、变动的,心理上常处于"想迁又怕迁"的矛盾之中。针对农户的这种思想负担,采取措施消除他们的移民顾虑、坚定移民信心是关键,可以通过有效的心理疏导,有针对性地进行迁移动力培育,保持迁移动力的可持续性。迁移动力培育的成效表现是"我要移民"。

3.1.2.3 迁移动力转变

迁移动力的转变至关重要,移民的主体不是政府,而是农户,迁移动力归根结底应当统统转化为农户迁移的动力。因此,解决蓄滞洪区移民迁建困境的根本出路,需要完成几个转变,从"理论动力"转变成"实践动力",从"中央动力"转变成"地方动力",从"政府动力"转变成"农户动力",最终实现从"政府要我迁"转变为"农户主动搬",让农户自己成为居民迁建的驱动力量和主导力量。

3.1.2.4 迁移动力反馈

上述迁移动力的激发、培育和转变能否为农户迁移提供足够的动力,各种迁移动力是否协调,能否形成合力,梳理存在的问题和不足,通过动力反馈环节，相关政府部门取得这些重要信息，再经过分析和整理，归纳出新的动力激发与培育信息，进而可以调整迁移动力的方向与动力强度，为相关方真正形成迁移合力提供强大的信息支撑。

迁移动力的激发、动力培育、动力转化和动力反馈形成一个完整的运动规律，组成相互联系、相互影响的动力机制，农户能否做出迁移的决策在相当程度上有赖于动力机制本身是否完善，以及动力机制的运行过程是否稳定。稳定的动力机制运行过程能够让事物的发展由被动转为主动，从而形成一个良性的自觉发展过程。

3.2 农户迁移动力机制的综合分析

经典的"推—拉"理论是分析人口迁移动力机制的最佳理论，其涵盖面广，分析框架可以整合经济、社会、文化、环境等方面的内容。根据"推—拉"理论的集大成者、英国学者李（Lee）的观点，迁出地、安置地、中间障碍和个人因素是影响迁移的四种因素，并指出迁出地和安置地都存在推和拉两种力量，且都会产生中间障碍因素，形成搬迁的阻力。

3.2.1 推力：迁出地生存环境与发展条件的制约

国家对蓄滞洪区一直采取限制性发展的政策，导致蓄滞洪区在经济发展、收入水平、社保待遇、居住环境、生活水平、教育医疗等方面与周边地区之间的差距越来越大，促使蓄滞洪区农户产生更加强烈的迁移动力。农户生存与发展状况可概括为以下几方面。

（1）自然环境恶劣，年年处于洪水威胁之中。蓄滞洪区的村庄，每年都有防洪预案，梅雨季节，年年防汛。随着蓄滞洪区防洪安全工程的不断完善，群众的人身安全基本不受影响，但汛期洪水会进入房屋，严重影响到日常生活。洪水还会淹没农田，导致农作物的大量减产，甚至颗粒无收，

第3章 蓄滞洪区农户迁移的动力机制分析

带来严重的经济损失。遇到蓄洪年份，对农户来说更是毁灭性的打击，需要在很短的时间里临时撤退转移，大量带不走的生活生产用品毁于一旦，虽说国家会给予补偿，但补偿款根本无法弥补蓄洪的损失，"辛辛苦苦几十年，一夜回到解放前"成了蓄洪后农户状况的真实写照。

（2）基础设施薄弱，公共服务设施配套不足。蓄滞洪区基础设施和公共服务设施严重滞后于实际需求，由于洪水经常给基础设施造成严重损害，相关设施的建设和维护就成了地方政府的沉重负担，形成地方政府对于区内设施建设"既无力建又不想建、既无力维护又不想维护"的局面，"重建设、轻维护"现象长期存在。区内群众的防洪主要靠撤退转移，道路建设是实现群众安全转移的重中之重，然而区内普遍存在道路少、密度低、等级不够等问题。因道路问题，交通不便，外商不敢来投资。区内学校因教学质量差和生源不足，很多已经办不下去，上学一般要去保庄圩或是附近的城镇，一部分学龄家长加入租房陪读的队伍，教育支出大大增加。医疗条件差，看病难问题突出。建了水塔，但有些村庄自来水尚未覆盖到户，由于自来水收费，尽管井水水质很差，部分村民仍然饮用井水。

（3）国家长期限制发展导致政策性贫困。由于国家对蓄滞洪区一直采取限制性发展的政策，"不能发展，也不敢发展，不愿发展，与周边乡镇有五到八年的发展差距"，这一描述生动形象地解释了限制发展将蓄滞洪区置于一个两难境地。据2009年11月19日国务院批复的《全国蓄滞洪区建设与管理规划》显示，蓄滞洪区社会经济平均发展规模和速度都比较低，很多地区远远落后于全国平均水平，各流域蓄滞洪区人均GDP仅为全国人均GDP的1/3。尽管区内农户的生产生活条件有了较大的改善，由于限制发展导致的政策性贫困，与区外相比仍有明显的差距，蓄滞洪区经济缺乏进一步提升的空间。

蓄滞洪区农户迁移的推力来源于区内恶劣的生存条件和环境，农户渴望彻底改变生存环境，跟上新时代社会发展的步伐，只有搬出蓄滞洪区，远离洪水的危害，才能将渴望变成现实。然而，根据《蓄滞洪区运用补偿暂行办法》，蓄滞洪区不分洪的年份农作物能丰收，分洪的年份有国家补偿，如2003年濛洼蓄洪区开闸蓄洪，国家按照最高标准给予补偿，致使蓄滞洪区反倒成了人们更愿意生活的地方，而不愿意搬迁，这种政策偏差成为实施移民迁建的一个重要阻力。

1950年起，国家开始在濛洼、城西湖、南润段等行蓄洪区建设围村堤和庄台，后又陆续修建保庄圩、加固庄台、配套深水井、新建撤退道路和通信设施等安全设施，使区内部分群众的生命安全得到保障，生活环境和生产条件得以改善。国家修建蓄滞洪区安全设施的目的是保障区内群众的生命财产安全。但这些安全设施，也构成了当前群众迁移的一大阻力。另外，现有的新建住房和耕地，也是农户迁移的阻力。

3.2.2 拉力：安置地的吸引力与阻力

安置地的拉力足够大才能促成迁移行为发生。从调查情况来看，构成安置地吸引力的因素是多方面的，主要有以下几点：一是安置地安全的生活环境。无论是蓄滞洪区内安置的保庄圩和庄台，还是区外安置，居民的人身安全基本可以得到保障，相比于生活在蓄洪洼地随时面临的洪水威胁，安全的生活环境是安置地最重要的拉力。二是安置地良好的区位优势。通常农户认为，城郊、大型集镇、中心镇乃至中心村是迁移落户的理想区域，且优劣程度依次递减，越是靠近城市的区域，经济社会发展条件越好，产业越发达，人口承载能力越强，发展潜力越大，交通、生活越便利，农民打零工挣钱的机会就越多，符合"人往高处走"的基本心理，规划保庄圩应尽量选择以上区域。城西湖调研发现，规划中的陈郢保庄圩，由于距离霍邱县城较远，规划搬迁的汪集、邹台等村的村民认为陈郢保庄圩地势更低洼，经济更差，宁可临时撤退也不愿意搬迁到陈郢保庄圩。因此，选择区位条件良好的安置地，既永久性地远离了水患灾害，又有更好的发展前景，无疑是吸引农户移民搬迁最重要的拉力之一。反之，那些规划在比现居地区位和经济状况更差的保庄圩或庄台，即为阻力。三是安置地配套基础设施齐全。调查发现，2006~2007年，由于保庄圩设施不齐全，生产生活不便，绝大部分村民不愿到保庄圩居住，但随着保庄圩内基础设施的完善以及人口的增加，很多符合或不符合安置条件的村民都申请到保庄圩居住。现在的保庄圩教育教学环境良好,九年一贯制的学校和幼儿园,有些保庄圩如王家坝还有职业技术学校;新建的医院,医疗卫生条件良好;较为完善的商业体系,有大型超市、宾馆、酒店;较为宽敞的安置房和道路交通条件,建有科技中心和广场,有敬老院,还有专门的五保户居住区等。调查时有移民反映这样一个现象,庄台上的年轻小伙子娶媳妇越来越难,若是在保庄圩里有房子,女方就愿嫁。可见,对于祖辈生活在蓄洪洼地和庄台的移民来说,这样的人居环境无疑具有强大的吸引力。

3.2.3 支持力:政府政策的大力支持及存在的问题

政府对蓄滞洪区移民的支持力主要来自三方面:一是来自政府从战略高度对我国的综合防洪形势和洪水灾害问题的深刻认识,以及对蓄滞洪区居民生命财产安全的高度责任感和使命感。2011年8月,安徽省政府办公厅颁布《关于切实做好我省淮河行蓄洪区及干流滩区居民迁建工作的实施意见》,为安徽省行蓄洪区居民迁建工作提供了政策依据。二是来自政府实施蓄滞洪区移民的政策福利,具体包括对移民搬迁安置的现金补助和其他移民的优惠政策、措施,借以提高农户迁移的积极性和搬迁安置效率,政府的宣传引导和移民优惠政策,是蓄滞洪区农户迁移动力形成的重要拉力。三是来自国家精准扶贫精准脱贫政策的导向作用,由于常年的洪水灾害和限制发展导致的政策性贫困问题突出,蓄滞洪区农户大多生活贫困,因灾因病致贫返贫现象较为严重,国家的精准扶贫政策要惠及蓄滞洪区的贫困户,减轻贫困户搬迁时的经济压力。

从实践看,地方政府在蓄滞洪区移民实施中也存在一些问题,表现有四:一是对蓄滞洪区移民工作的艰巨性、复杂性认识不足,居民迁建的配套政策尚不完善,实施难度大,对移民反映的困难、提出的要求不能及时解决,当迁移安置进展不顺、移民问题较多时,部分基层政府和移民干部对继续推动移民迁建工作存有畏难情绪,工作进展缓慢,甚至停滞,各级政府尚未形成合力,不是主动寻求解决问题的办法,而是被动等待上级的指令和安排。二是当移民入住安置地后,政府对蓄滞洪区移民缺少像对水库移民那样具体的后期扶持政策，政府对蓄滞洪区移民的一般做法是只要移民安置后，政府的工作就结束了，对蓄滞洪区移民的生计问题缺乏持续的关注和支持，对主动进城的蓄滞洪区移民的子女入学、就业、社保、养老等关注不够，移民进城就业创业仍然困难重重，生计来源受阻，影响移民的稳定，进而出现返迁现象。三是政府移民宣传工作不到位。在移民政策宣传和移民补助标准的公开性方面，基层政府普遍工作不力，有些村年年都宣传搬迁政策，而有些村只是贴个公告，并未宣传移民，宣传不足成为影响农户搬迁的阻力。四是政府实施移民的决心不足。淮河行蓄洪区居民迁建是进一步治淮的重要内容，2009年起政府就开始规划和调研，可一直不实施，直到今天相当一部分保庄圩还依然在规划中。按照调研时村民的说法，三五年前村民总想着搬，但是总失望，村民等不了，自2014年起村民纷纷开始自建新房。可见移民搬迁，还要看政府有无决心实施，大部分村民盼望永久性搬迁，否则人心不安定。如果现在开始宣传施工，村民就会响应政府号召，不再自建新房。可见，蓄滞洪区移民实施需要从"理论动力"转变成"实践动力"，从"国家动力"转变成"地方动力"，政策需要落地才能实施。

3.2.4 内在驱动力：农户的迁移动机及阻力

人类的活动总是由一定的原因引起，既有外在因素，也有内在动力。外在影响因素叫动力，内在影响因素叫动机。由内在动力引起、维持或促进个体行动的力量，构成人类活动的动机。动机是人们一切行为的先导。蓄滞洪区的频繁启用，经常性地撤退转移导致财力物力的大量损失。为逃离现住地恶劣的自然条件，改善拥挤破落的居住环境，使得自身和家人能享受到更好的医疗条件、社保待遇、子女婚嫁、教育上有更好的前景，同时也是在可选择的市场经济环境下追求家庭成本收益的最大化，构成现阶段农户的迁移动机。简言之，蓄洪压力下渴望逃离恶劣的自然环境、改变贫穷落后的生活状态、对更多利益的追求和更好生活的向往，构成了蓄滞洪区农户迁移的动机。

调查发现，绝大多数农户内心既有想迁想走的一面，也有留恋、担忧、

第3章 蓄滞洪区农户迁移的动力机制分析

顾虑重重的一面，出于对未来生活的不确定性，往往处在"想迁又怕迁"的矛盾之中。影响农户迁移的主要阻力有：一是生活成本增加，生活来源成为大问题。外迁至保庄圩以后，尤其是外迁至城镇的移民户，搬家上楼后过上"城市人"的生活，但城镇物价比农村要高，生活成本增加，若收入不能相应提高，生活会更加困难。二是移民补助标准低。移民补助款按户给付，导致旧房、危房和不住人的房主愿意搬迁，但新建房主不愿意搬，应考虑现有住房的质量，合理估价，给予不同的搬迁费用。由于搬迁补助标准的不合理和补助金太少，导致大部分移民户需要借债搬迁，加重了移民的经济困难，使本来就不富裕的农户雪上加霜，搬迁成本高而补助标准低成为阻碍搬迁的重要因素。三是中国人自古就有的安土重迁情结，不愿离开祖祖辈辈生活的地方，不愿改变种地的谋生方式。蓄滞洪区人口外迁遇到的最大困难是群众不愿意搬迁[30]，在目前农村经济尚不够发达的情况下，多数农民无法切断与土地的联系，尤其是中老年农民缺乏生存能力，在没有医疗、养老、住房、就业等保障的情况下，农户大多不愿意选择移民。

诚然，是否迁移，应充分尊重农民意愿，由农户自主决定。政府应在农户迁移心态调整、心理疏导上有所作为，尽量消减移民搬迁的阻力，增加搬迁的动力。从"政府动力"转变成"农户动力"，让农户自己成为移民迁建的主导力量。

基于推一拉理论的农户迁移动力机制，如图 3-2 所示。蓄滞洪区农户迁移的外在拉力主要来自安置地的吸引力，如良好的人居环境和生活条件、区位优势和发展机遇；外在支持力来自政府的宣传引导和移民补助政策，政府的支持力亦是拉力；外在推力主要来自迁出地恶劣的自然环境、落后的基础设施和国家长期限制发展的政策；内在驱动力来自农户自身渴望远离恶劣的自然环境、改变贫穷落后的生活状态、对更多利益的追求和对美好生活的向往。"安置地的拉力比迁出地的推力对迁移的刺激更重要，且只有强烈推力而无强烈拉力时，移民发生的概率最低。"① 根据学者们的这一

---

① Bogue D. J. Internal migration [A]. In：P. Hauser, O. D. Duncan (eds.). The study of population [C]. Chicago：University of Chicago Press, 1959：486-509.

观点，作为蓄滞洪区农户迁移的拉力，政府政策的支持力和安置地的吸引力是蓄滞洪区农户迁移的最主要动因，政府移民政策和安置地的强烈拉力比迁出地的推力更能促进蓄滞洪区农户做出迁移的决策。

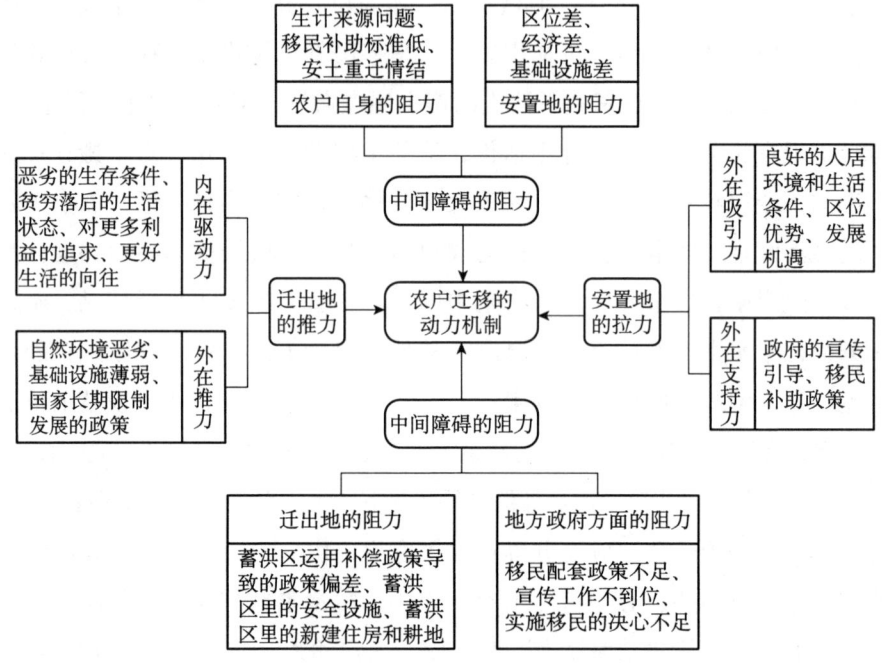

图 3-2 基于推—拉理论的农户迁移动力机制

另外，根据推—拉理论，移民搬迁也会不可避免地遇到来迁出地、安置地、地方政府、农户自身等的各种中间障碍因素，如来自迁出地的阻力，包括蓄洪区运用补偿政策导致的政策偏差、蓄洪区里的安全设施、蓄洪区里的新建住房和耕地等；来自安置地的阻力，包括区位差、经济差、基础设施差等；地方政府在实施移民工作中出现了一些问题，如移民配套政策不足、宣传工作不到位、实施移民的决心不足等，成为来自地方政府方面的阻力；来自农户自身的阻力，如生计来源问题、移民补助标准低、安土重迁情结等。以上这些阻力构成了阻碍蓄滞洪区农户迁移的原因。

3.3 农户迁移动力产生的深层机理

理性选择理论是解释移民迁移动机最常用的研究范式之一[187]。理性，是人类选择与调节自我行为之能力，包括选择并确认目的和动机。个人行动具有目的性是社会学理性选择理论建立的基础，由于行动者的行动被看作是有目的或功利的，所以其重点关注行动者。科尔曼认为，理性选择理论的主要目标不是解释个体行动，而是要解释广泛存在的社会现象，可以有效弥补微观和宏观上二元对立的不足。其中，基于斯科特生存伦理的生存理性，目的是寻求生存需要的满足，"安全第一"是其依据的基本生存原则，也是人的最基本的、最低层次的理性需求，只有生存理性得以充分发挥和实现，经济理性与社会理性的选择才会成为满足的目标。经济理性，源于西方经济学中的经济人假设，即追求个人利益的最大化，尤其是经济利益。农民是理性的，对价格反应灵敏，在行为上追求自身效用的最大化。社会理性，源于西方社会学中的理性人假设，对于行动者而言，不同的行动会产生不同的效益，而行动者的行动原则是为了最大限度地获取效益，并且这种效益，在经济之外，还涉及政治的、社会的、文化的、情感的等内容。社会理性是理性选择的高级层次。

资源与环境等自然条件是生存压力，人、水、地关系紧张是对自然条件的压力。在既有的技术水平和生产经营条件下，生产资源不能满足移民生存的需要。生存是移民考虑的第一要素，充分体现了生存理性选择[188]。2003年、2007年淮河大水后的灾害移民，是因生存压力而产生的"生存理性"选择，这是移民搬迁最根本的动因。如果仅从生存理性来解释，只是移民初始搬迁的动因，随着国家在蓄滞洪区各项安全工程，包括人身安全工程和生产安全设施的逐步建立和完善，如保庄圩、庄台、撤退道路、深水井等，有效保障了区内群众基本正常的生活和生产，因此生存视角已无法解释现阶段农户的迁移动力，他们产生了比前一阶段更高的追求，现阶段农户的迁移动力是经济理性和社会理性的充分体现。当然，生存理性在蓄滞洪区农户迁移作用中的弱化并不代表这一机制作用的消失，农户迁移动力的基本前提因素仍然是生存理性。从这个意义上说，生存理性、经济理性和社会理性共同构成了农户迁移的完整动力逻辑，三者之间呈现彼此竞争而又相互补充的关系。综上，理性选择理论有效解释了蓄滞洪区农户迁移动力产生的深层机理。

3.4 小　结

本章主要分析蓄滞洪区农户迁移的动力机制。"为什么迁移"是移民中的核心问题，也是自愿移民研究不能绕过的话题。借鉴"推—拉"理论，探讨了农户迁移动力的形成机理，总结了由迁移动力激发、动力培育、动力转化和动力反馈组成的完整的动力机制链条。提出了农户迁移动力机制的综合分析框架，迁出地的推力、安置地的拉力、政府政策的支持力和移民自身的内驱力共同构成了农户迁移的动力机制，促使蓄滞洪区潜在移民成为现实移民。尽管迁移会遇到来自各个方面中间障碍因素的阻力，但应从政府实施蓄滞洪区移民迁建战略的重要举措中寻找支持力，从安置地良好的人居环境及发展机遇中寻找拉力，从迁出地生存与发展条件的制约中寻找推力，从农户自身的需求中寻找内在驱动力，并以其为条件开展蓄滞洪区移民迁建工程。

运用社会学理性选择理论分析了农户迁移动力产生的深层机理，认为生存理性是2003年、2007年灾后移民搬迁的动因。随着生存条件的改善和社会的变迁，生存视角无法有效解释现阶段的移民现象，当前农户迁移动力的深层机理主要遵循经济理性和社会理性逻辑。

第4章 蓄滞洪区农户迁移态度调查分析

一项决策是否可行，关键在于其是否建立在客观科学研究的基础之上。蓄滞洪区移民政策的制定是以解决蓄滞洪区的人水争地矛盾、为群众谋福利为目的，只有通过深入的调查，了解到群众的真实想法，才能使移民政策具有群众基础和可操作性，才能减少仅凭主观臆断、自上而下地"发号施令"的决策失误，以提高决策水平与工作效率。

运用态度与行为理论调查农户的迁移态度，分析不同农户对移民迁建工程的认知、判断和行为倾向，把握目前农户的总体迁移态度如何？是积极地对待移民，还是抵触移民？农户迁移态度的主要影响因素有哪些？全面把握农户对待移民的态度，有助于我们更好地理解农户的迁移决策行为，并有助于政府部门就待迁移民的态度采取一定措施，以提升政策实施的效率和效果。

4.1 理论基础：态度与行为理论

态度研究是社会心理学者关注的焦点，学者们研究态度的主要目的是预测人的行为。关于态度的定义，尚无统一的界定。奥尔波特（Allport）认为，态度是个体或群体对人或事物所持有的评价体系和心理反应倾向[189]。克赖茨（Crites，2002）提出，态度由三部分组成：情感成分、认知成分和行为成分[190]。弗里德曼（Freedman，1984）认为，态度是个体对某态度对象的行为准备状态，认为态度是个体在认知和情感方面对事物做出的评价性判断[191]。主流观点认为，态度是行为反应的预备状态，是行为发生的心理倾向[192]。

弗里德曼（Freedman）提出的"态度 ABC"理论受到学者普遍认可，他认为态度由认知（cognition）、情感（affect）和行为倾向（behavior tendency）三个维度组成[193]。巴龙（Baron）继承了态度 ABC 模型，并指出这里的行为倾向指的是行动或行为的意图这种心理倾向[194]，而不是真正的行为。在态度的三种成分中，认知成分是基础[195]，反映了个体对某一特定态度对象的赞同或不赞同、相信或不相信的心理倾向。认知成分形成的对事物的印象和看法是人们理解与判别事物的基础，也决定着人们的行为意图。情感成分反映了主体对客体所产生的稳定心理倾向，包括喜欢或不喜欢。情感成分会调整主体态度，主体产生认知和情感后不会仅仅局限于内心，必然会向外部展示以支配行动，由此产生一种潜在的行为倾向。行为意向成分是对态度对象做出某种反映的意向，是决策行为中采取行动前的一种准备状态和持续状态。可见，态度是个体对特定对象的积极或消极的反应，这种反应一般反映在个体的信念、感觉或者行为倾向中。

行为指判断、决策、明显的行为序列过程，是潜在态度的表现形式[196]。行为学者大多认可"态度影响行为"的观点，一些学者通过实证研究证实了这点[197]。根据菲什拜因（Fishbein）等提出的理性行为理论，行为意向决定行为，行为态度等因素决定行为意向，个人对某些行为的一系列信念决定着其行为态度，这些信念是通过评估所有结果及其属性而获得的[198]。计划行为理论表明，态度和行为与一种特定的行为有着高度的相关性[199]，这种关系在许多领域得到了普遍的认同和成功的应用，这说明态度和行为之间的关系是非常密切的。另外，态度具有指标的强度，比较强的态度不易改变，能够影响信息的判断和决策过程，因此也能够影响相应的行为[200]。

综上所述，认知、判断、行为倾向三种要素构成了态度，而态度与行为有密切的相关性，这种相关性可能正向的，也可能是反向的。态度在很大程度上影响甚至决定行为，行为是态度的外化，即态度在内外力的共同作用下往往会具体体现为一种行为（如图 4-1 所示）。需要注意的是，态度中的行为成分确切地说应该是一种行为意图或意向，而不是一种实际行为。当然，根据厄普迈耶（Upmeyer）的观点，实际行为本身也是潜在态度的外在表现。对于本书的实地调查及结果分析，这一理论具有极高的指导价值。

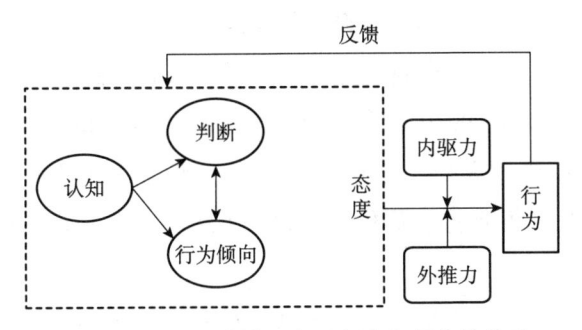

图 4-1 认知、判断、行为倾向与行为的关系

资料来源：根据柯水发（2007）整理。

4.2 研究区域与数据来源

4.2.1 淮河流域行蓄洪区概况

近年来，淮河流域受灾频繁，且灾况严峻。新中国成立后，政府依据"蓄泄兼筹"的方针治理淮河，在淮河中上游陆陆续续修建了一批防洪工程，蓄滞洪区在历次防御洪水的过程中起到了无可替代的作用。根据资料统计，1950~2007 年，共有 29 年运用了蓄滞洪区，共计蓄洪 187 次，通过减缓洪峰、蓄滞超额洪水、降低河道水位，从而保证淮河中下游区域重要城市的安全，为淮河流域防洪减灾做出了突出贡献。

安徽省境内淮河干流蓄滞洪区目前共有 18 处，包括 4 处蓄洪区和 14 处行洪区。目前，共有约 200 万人生活在淮河流域蓄滞洪区，受行蓄洪的影响，蓄滞洪区内居民的生活和劳作很不稳定。蓄滞洪区的启用标准相对较低,尤其是一些不足 5 年一遇的低标准蓄滞洪区,这些区域经常发生洪水,当地居民每经历一次都会损失惨重,经济发展严重落后。蓄滞洪区内缺乏安全和排水设备,通讯报警设备落后,撤退转移道路差,防洪抗灾、灾后自救恢复的能力都很差,不利于行蓄洪区及时、有效地运用,蓄洪与群众的生产生活之间一直存在着无法调和的矛盾。

截至 2018 年 3 月,淮河行蓄洪区总面积 2813.4 平方千米,耕地 254.62 万亩,区内现有人口 99.07 万人,建档立卡贫困人口 89492 人,已脱贫 55502 人,现有贫困人口 33990 人。其中,区内庄台 199 座,居住人口 22.72 万人,保庄圩 35 座,居住人口 26.49 万人,低洼地居住人口 49.86 万人。①

根据 2017 年 12 月安徽省水利厅部署的行蓄洪区村(庄)台和保庄圩普查工作,安徽省行蓄洪区现状村(庄)台宅基地面积户均约为 88 平方米,人均约为 22 平方米。保庄圩居民宅基地面积户均为 211 平方米,人均约 61 平方米。总体上,行蓄洪区村(庄)台和保庄圩生活生产条件相对较差,特别是村(庄)台,由于建设年代普遍久远,人均面积较小,生活及生产发展空间严重不足,已成为行蓄洪区脱贫攻坚的重要制约因素之一。

4.2.2　调研地点的选择

之所以选择城西湖蓄洪区作为调研地,原因有三:一是淮河流域行蓄洪区需要安置的人口总数为 64.46 万人,其中,低洼地不安全人口为 50.96 万人,而城西湖蓄洪区急需安置的低洼地和庄台超容量人口有 18.33 万人,低洼地不安全人口高达 17.69 万人。城西湖占淮河行蓄洪区需安置总人数和低洼地不安全人口的比重分别为 28.44% 和 34.71%。可见,城西湖是淮河流域不安全人口最多的蓄洪区,选择城西湖蓄洪区作为调查地具有紧迫性和代表性。二是城西湖蓄洪区是淮河中游最大的蓄洪区,其使用频率是 10

---

① 安徽省人民政府. 安徽省淮河行蓄洪区安全建设规划(2018—2025 年)[EB/OL]. https://www.ah.gov.cn/public/1681/8265631.html.

~15年，但自1991年起未启用过。未被启用不是因为不需要启用，而是因为城西湖蓄洪区的低洼地不安全人口多，群众安置难，随着经济的发展，财富积累的增多，撤退转移损失大，很难下达分洪命令，决策实施困难。三是城西湖蓄洪区内农户的外迁意愿相对高。根据2017年12月安徽省水利厅部署的行蓄洪区村（庄）台和保庄圩普查工作，由表4-1可以看出，安徽省37个保庄圩（包括4个区外保庄圩）的愿意外迁户数占保庄圩总户数的25.04%，城西湖仅有的一座河口保庄圩愿意外迁户数793户，总户数为1249户，愿意外迁户数占63.49%，远远高于全省保庄圩愿意外迁户的比重。由表4-2可以看出，全省218个庄台的愿意外迁户数占庄台总户数的34.92%，城西湖蓄洪区庄台上愿意外迁的户数是4019户，总户数是9894户，愿意外迁户数占40.62%，高于全省庄台愿意外迁户的比例。由此可见，与大部分蓄滞洪区相比，城西湖蓄洪区内农户的外迁意愿较高。

表4-1　　　　安徽省行蓄洪区现状保庄圩信息汇总（节选）

序号	保庄圩名称	行蓄洪区	县、区	乡镇	涉及行政村数（个）	户数（户）	人口（人）	愿意搬迁户数（户）
1	王家坝保庄圩	蒙洼	阜南县	王家坝镇	8	1550	5798	49
2	老观保庄圩	蒙洼	阜南县	老观乡	7	1063	3231	12
3	曹集西保庄圩	蒙洼	阜南县	曹集镇	8	875	2787	75
4	安岗保庄圩	蒙洼	阜南县	曹集镇	5	6562	24713	613
5	郜台保庄圩	蒙洼	阜南县	郜台乡	2	223	321	0
6	段台保庄圩	蒙洼	阜南县	郜台乡	7	1156	3786	1
7	河口镇保庄圩	城西湖	霍邱县	河口镇	4	1249	4568	793
8	新湖保庄圩	城东湖	霍邱县	新店镇	11	7410	23870	343
9	胡姚保庄圩	城东湖	霍邱县	孟集镇	3	2945	11100	214
10	龙腾保庄圩	城东湖	霍邱县	城关镇	2	2335	7807	650
⋮	⋮	⋮	⋮	⋮	⋮	⋮	⋮	⋮
合计	37个					73772		18474

资料来源：2017年12月安徽省《全省行蓄洪区村（庄）台和保庄圩普查成果的报告》。

表 4-2　　　　城西湖蓄洪区现状村（庄）台信息汇总表（节选）

序号	庄台名称	乡镇	行政村	现状居住人口信息			愿意搬迁户数（户）
				户数（户）	人口（人）	村（庄）台人均面积（平方米）	
1	闸上庄台	王截流乡	分水闸村	468	1638	39.5	39
2	陈郢庄台	王截流乡	分水闸村	618	2296	31.9	30
3	南滩庄台	王截流乡	南滩村	470	2186	61.0	0
4	曾王庄台	王截流乡	曾王村	347	1547	20.9	333
5	雷李庄台	王截流乡	雷李村	56	191	65.1	41
6	邹台庄台	城西湖乡	邹台村	160	607	39.6	34
7	新河庄台	城西湖乡	新河口村	274	917	37.4	274
8	汪集庄台	城西湖乡	汪集村	78	281	44.5	9
9	王邹庄台	城西湖乡	邹台村	159	600	54.5	33
10	碉楼庄台	城西湖乡	碉楼村	177	687	44.9	6
⋮	⋮	⋮	⋮	⋮	⋮	⋮	⋮
合计	32 个			9894	39659		4019

资料来源：2017 年 12 月安徽省《全省行蓄洪区村（庄）台和保庄圩普查成果的报告》。

4.2.3　调查方法与数据来源

在对农户进行实地调查过程中，主要采取问卷调查法和访谈法相结合的方法。为了做好数据采集，笔者于 2017 年 7 月赴安徽省霍邱县城西湖蓄洪区进行了预调研。采用与村镇干部座谈、深入访谈的方式，分析蓄滞洪区移民实施过程中存在的问题，农户对待移民的态度、迁移意愿和移民中存在的实际困难等，了解移民搬迁工作开展的实际情况。并进行了 30 个小样本预调研，结合移民学专家意见和建议对问卷进行了修改完善。2018 年 4 月进行正式调研。本书的问卷数据量不大，是针对小样本的深度调研，每份问卷的质量和填写准确度更为重要。问卷调查方式并没有采用先发放问卷再统一回收的方式，这样做的缺点：一是由于蓄滞洪区里的青壮年人多数外出打工，留守的人中相当多的是 60 岁以上的老年人，这部分老年人中

第4章 蓄滞洪区农户迁移态度调查分析

的文盲比率较高，所以让他们独自填写问卷并非易事；二是容易导致问卷回收困难。采取一对一问答的方式，部分问卷由调研人员直接填写，部分问卷由调研对象填写。这样有效保证了问卷的回收率和问卷填写内容的准确度。

汪集村是有6000人的大村，较为热闹繁华，村民有优越感，认为18里路外的陈郢离县城更远，规划中的陈郢保庄圩地势更低洼，经济更差，耕种也远，没有人愿意去陈郢保庄圩。大多数村民希望去城乡接合部，因为县城边上能找零活打工，挣钱门路多，种地远没关系，可以将土地转租出去。村民宁可临时撤退也不愿意搬迁到陈郢保庄圩。邹台村有3650人，经济没有汪集村好，但同样的原因也不愿意去陈郢保庄圩。而双河、老滩、东林、王台和三桥等村，地势更为低洼，且住在庄台和淮河堤上的人只占一小部分，全村绝大多数人生活在低洼地。根据政策，村民需要全部外迁。村里每年都有防洪预案，人身安全影响不大，但对生活生产影响很大。村干部反映，只要路能修好，大多数村民愿意搬到陈郢保庄圩。

以上是预调研时掌握的基本情况，发现这样一个现象，地势越是低洼的村，一般来说经济越不发达，洪水威胁越大，迁移意愿越高，即地势低洼程度和村经济发展水平是影响移民意愿的重要因素。为了保证样本的代表性，本书在问卷收集和访谈时运用了分层抽样法。按照地势低洼程度和村经济发展水平将村子大致分成三层，在每层随机抽取5个村庄，并在村子的内部按照简单随机抽样的方式抽取20户样本。这样做的好处是：分层减小了各抽样层变异性的影响，尽可能让每个样本按照比例等概率地出现在各层，保证样本的代表性，从而提高样本对总体估计的精确度。

本书涉及的研究对象是未搬迁农户，调研地点选择在城西湖蓄洪区5个不安全人口较多的乡镇，分别是王截流乡、城西湖乡、邵岗乡、河口镇、宋店乡。结合村地势低洼程度和村经济发展水平，每个乡镇选取了3个村，每个村抽取20户农户作为样本，采用随机发放问卷的方式调查。样本共涉及15个村的300户农户。每户进行问卷发放和20分钟左右的一对一访谈的方式，收回有效问卷268份，有效问卷回收率为89.3%。问卷将农户的迁移态度操作化为农户对移民的认知、判断、行为倾向三个层面，内容见附录调查问卷的第三部分。

4.3 农户迁移态度调查结果与分析

移民态度指待迁居民对于迁移所保有的一种具有一定规律和相对稳定的内在心理状态[106]。蓄滞洪区移民迁建工程只有通过广大农户的积极参与，才能实现移民目标。农户对待移民的态度，直接影响到移民迁建工程的顺利开展。如果不了解农户的迁移态度，就难以完全把握农户移民决策研究的起点，乃至移民政策完善的切入点。由于移民搬迁安置和补偿主要以家庭为单位实施，因此书中的各项调研描述均以户为单位。在此，本书基于农户实地调查所获得的问卷数据，并根据前文的理论框架对数据加以分类整理，得出如下调查结果与结论。

4.3.1 农户对移民政策的认知情况调查分析

分析农户行为，进行政策分析的重要前提是了解农户对移民的主观认知。认知贯穿于整个决策过程，农户对移民的认知事关农户迁移意愿的高低及迁移主动性的强弱，而农户的迁移意愿和迁移的主动性直接影响移民工程目标的实现，关系到移民工程成果的巩固。一般地，决策者的禀赋水平决定了认知水平的高低。

4.3.1.1 农户对蓄滞洪区移民政策内容的认知

移民政策的顺利推动，需要参与主体了解并理解包括实施方式、安置方式、补助标准和期限等在内的政策内容。据调查（如图4-2所示），多数农户知道政府有搬迁计划，但真正"较了解"搬迁政策的人却非常的少，

"较了解"一项只占到8%,这部分农户对移民政策的具体要求、移民补助等都了解得比较清楚。回答"了解一点"的人最多,比例占57%,超过半数,这部分农户最主要关心的是与自身利益相关的补助金额,并了解其他相关政策。而选择"不了解"的农户,竟高达35%,这一方面与宣传工作不到位有关,另一方面也与农民的心理以及个体素质有关。

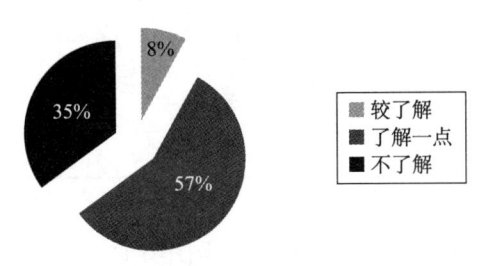

图4-2 农户对蓄滞洪区移民政策内容的认知

这说明农户对于移民政策还是不够了解,有相当多的人只知道要搬迁,而在具体如何搬迁的问题上,具体内容、如何操作并不了解,也就是说对搬迁中的某些问题还是糊涂的,这就导致群众在移民问题上产生一些观望、犹豫,甚至对抗情绪。

4.3.1.2 农户对蓄滞洪区移民政策目的的认知

为使蓄滞洪区的利用更加合理有效,确保区内居民的防洪安全,避免蓄滞洪区发生大规模人员转移,解决蓄滞洪区与群众生产生活、区域经济社会发展的矛盾,努力创造该地区居民的良好生活空间,实施淮河蓄滞洪区居民搬迁,解决低洼地区的防洪安全问题是十分必要的。农民对蓄滞洪区移民安置政策目的的认识,是实现"迁得走"的前提,直接影响移民工程的全面推进。

农户对蓄滞洪区移民政策目的的认知调查显示(见表4-3),82%的农户认为通过移民工程可以改善生态环境和群众居住环境;56%的农户认为移民是为了加快区内经济发展,提高群众生活水平;89%的农户认为移民是为了保障群众人身和财产的安全,避免蓄洪时的撤退转移;17%的农户认为移民是为了解决蓄滞洪区运用决策难度大的问题;在调查农户中没有人表示不了解蓄滞洪区移民政策的目的。可以看出，当地农民对生态环境的恶化有共识，移民有一定的群众基础，这是蓄滞洪区移民政策实施的良好条件。

表4-3 农户对蓄滞洪区移民政策目的的认知

问题	您认为国家启动实施蓄滞洪区移民迁建工程的目的是什么？				
回答	改善生态环境和群众居住环境	加快区内经济发展，提高群众生活水平	保障群众人身和财产的安全，避免蓄洪时的撤退转移	解决蓄滞洪区运用决策难度大的问题	不清楚
占比	82%	56%	89%	17%	0%

注：表中选项并不互相排斥，为多项选择题，很多农户同时选择多项。

就农户选择多个选项而言，农户认为国家实施蓄滞洪区移民工程的目的是多元的。通过移民工程可以改善生态环境和群众居住环境，保障群众人身和财务的安全，避免蓄洪时的撤退转移，选择以上选项的农户比例分别高达82%和89%，说明绝大多数被调查农户对蓄滞洪区移民政策目的有一个比较清晰的认知。在调查中发现，样本村有不少农户认为移民是政府对农户的关心，是为了保障他们的人身和财务的安全，改善他们的生活环境。有17%的农户意识到国家启用蓄滞洪区难的事实，有"移民是为了解决蓄滞洪区运用决策难度大的问题"的认知，充分展现了蓄滞洪区人民"舍小家，为大家"的奉献精神。

4.3.1.3 农户对蓄滞洪区移民生态功能的认知

长期以来，由于我国人多地少的实际国情，人、水、地三者之间的矛盾一直是困扰蓄滞洪区的大问题，由于人水争地，导致蓄滞洪区的湿地面积一直减少，蓄滞洪区的生态环境日益恶化，因此改善生态环境成为蓄滞洪区移民工程的一大主要目的。

由图4-3可以看出，对"您认为移民能达到改善生态环境的目的吗？"问题的回答，9%的农户的答案是不能，15%的农户的答案是说不准，而76%的农户的答案是能，说明超过3/4的被调查农户认可蓄滞洪区移民的生态功能。与前面表4-3中所显示的农户对蓄滞洪区移民政策的认知程度相比，表明农户虽然认可移民改善生态环境的目标，但对目标能否实现却持一定的怀疑态度。

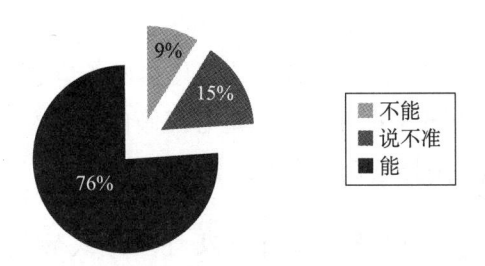

图 4-3 农户对蓄滞洪区移民生态功能的认知

4.3.1.4 农户对蓄滞洪区移民信息渠道的认知

在蓄滞洪区移民工程信息的发布渠道上，调查结果表明（如图 4-4 所示），村干部、村务公开栏是主要的信息来源渠道。说明村干部仍是农村中有影响力的群体，在移民信息发布和宣传方面发挥着重要的作用。作为新时代村民接收政策信息的渠道，新闻媒体正起到越来越重要的作用。另外，左邻右舍和亲朋好友是农村居民互通信息的重要渠道之一。

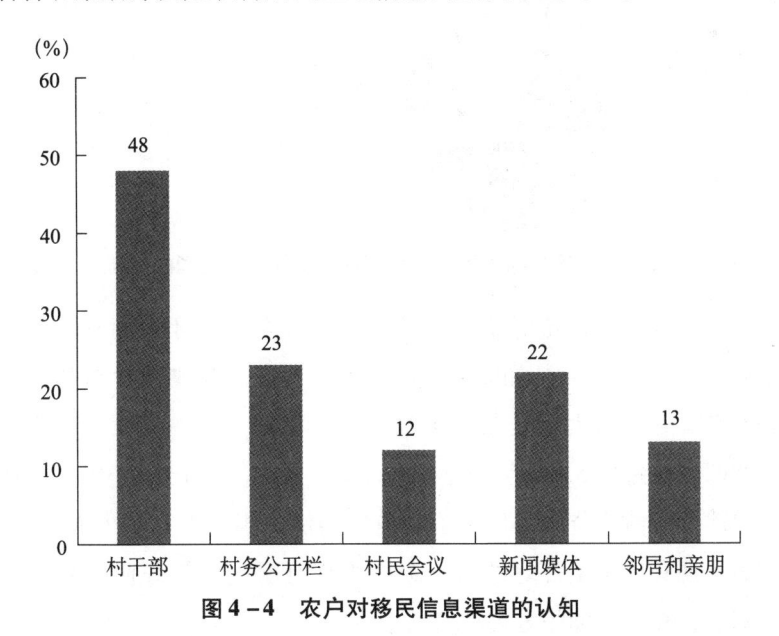

图 4-4 农户对移民信息渠道的认知

4.3.2 农户对移民的判断情况调查分析

在认知基础上,农户会形成自己的情感判断。情感判断反映了农户对移民所具有的喜欢或不喜欢方面的稳定心理倾向,即农户会做出自己对是否移民的评判。这一判断会调节态度,支配行为倾向。

4.3.2.1 农户对移民补助标准及补助形式的判断

移民补助标准是移民中涉及问题最多的一大问题,也是调研中农户最为关心的一个问题。从被访者的评判来看(如图4-5所示),对于"您认为移民补助金额按户发放是否合理?"问题的回答,认为不合理的农户占73%,认为合理的只占10%,认为基本合理的有17%。之所以会出现近3/4的农户认为移民补助金额按户发放不合理,是因为当前国家正在实施的易地扶贫搬迁工程、生态移民工程是按照人口发放移民补偿款,且每家每户的人口数为1~6人不等,所以移民补助金按户发放的可行性有待商榷。

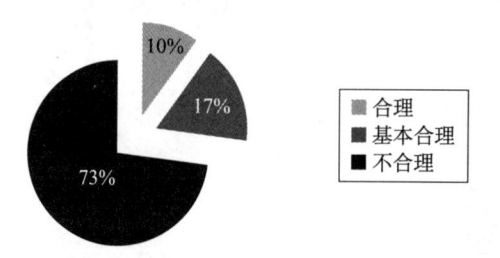

图4-5 农户对移民补助金额按户发放是否合理的判断

对"您对移民补助金额满意吗?"问题的回答也是不满意和非常不满意占到了被访农户的93%(如图4-6所示)。可见,样本农户对移民补助金额十分不满。利益最大化是农户决策行为的出发点,一方面,移民补贴太少,若按照现在每户5.62万元的补贴标准,要农户自己到安置区建房,大部分农户需要借债或贷款,加重了农户的经济负担,没有多少人愿意移民;另一方面,现有住房条件好的农户会因为现有房屋价值高而对目前的补助政策不满意,移民补助的合理性值得商榷。

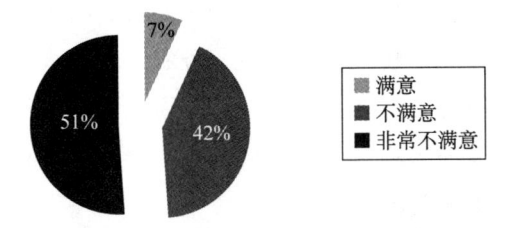

第4章 蓄滞洪区农户迁移态度调查分析

图 4-6 农户对移民补助金额满意度的判断

4.3.2.2 农户对移民安置地及安置方式的判断

移民安置地的区位优劣关系到将来移民生活和生产的便利程度，是蓄滞洪区移民工程规划的头等大事，一旦安置地点确定下来，就很难更换了。

根据对"您对移民安置地满意吗？"问题的回答，回答满意的样本农户占被调查总户数的48%（如图4-7所示）。也就是说，近一半的样本农户对移民安置地点持满意态度，一半的样本农户对移民安置地点持不满意或非常不满意的态度。从被访者的评判结果来看，当前城西湖蓄洪区正在规划中的两个保庄圩的选址，存在一定问题。

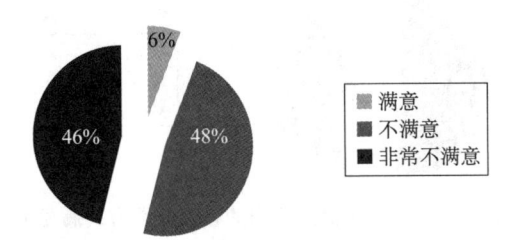

图 4-7 农户对移民安置地的满意度

根据严登才等（2015）提出的"人口梯度转移"理论，人口梯度转移有两个密切相连的步骤，一是农村人口向城镇转移，二是农村人口由条件恶劣地区向条件较好地区转移[201]。城郊区位比中心镇的经济发达、交通便利，就业机会多。同理，中心镇比保庄圩和庄台的生产、生活条件要好。区位越好，农户越容易做出迁移决策，所以社会经济水平高于迁出地的地区应作为移民安置点的首选。但现实中，地方政府为了地方的区域发展规划，违背了这一规律，将移民安置地选择在比待迁农户现居地经济更落后、位置更偏僻的地区，引起待迁移民的不满。其次，耕种距离是制约农户进圩居住的一大重要因素，耕种距离太远，务农不便，会导致生产成本的增加，移民的满意度就低。另外，移民生产的便利性和生活的舒适度依赖安置地基础设施的配套完善程度，基础设施越完善，移民对安置地的满意度会越高，否则，会出现返迁问题。

因此，安置点区位的优劣应是蓄滞洪区移民规划工程的头等大事，如果待迁农户对移民安置点不满，就很难做出移民的决策。

对"您对自主建房的移民安置方式满意吗？"的回答，答案为不满意和非常不满意的农户占93%（如图4-8所示）。访谈中，提到移民需要农户在安置地自主建房时，绝大多数的访谈农户表示，由于近年来建房材料和人工成本越来越高，政府的移民补助金又少，农户都不愿意自主建房，或者没有足够的经济财力自主建房，希望能像2007年一样，政府统一建设安置房。政府应充分考虑农户的心声，实施统一建房和自主建房相结合的移民安置方式，让待迁农户自由选择。

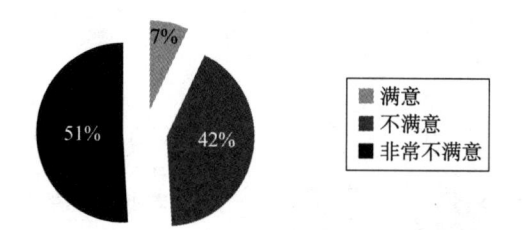

图4-8 农户对自主建房的移民安置方式满意度

4.3.2.3 农户对迁移后经济收入预期的判断

农户对移民后经济收入预期的判断会直接影响到农户能否做出移民的决策。调查结果如图4-9所示，认为收入会提高的农户占24%，认为收入不会有太大变化的农户占47%，认为收入会降低的农户占29%。可见，近一半的被调查农户认为移民前后的收入差别不大，相比于预期移民后收入会提高的乐观派和收入会降低的悲观派，大部分农户心态比较平稳。访谈得知，认为收入会提高的农户大多是耕地少的青壮年家庭户；而认为收入会降低的农户大多是老年人,养殖户或是耕地多、承包地多、以种植业为主要收入来源的家庭。之所以认为移民后的收入会降低,一个重要原因是这部分农户认为现在家里吃的米、豆、菜等,基本是自家种植的,鸡、鸭等基本是自己养殖的,移民后这些生活必需品要购买,生活成本会大大增加。

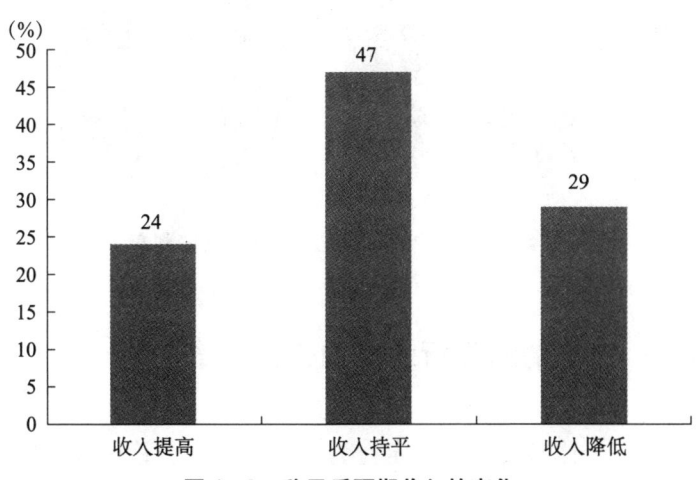

图 4-9 移民后预期收入的变化

4.3.2.4 农户对移民工程实施前景的判断

农户对政府及其政策的信心来自其对移民政策前景的预期。对"您认为移民工程实施前景如何?"问题进行调查。从图 4-10 可以看出,总体来看,选择"很好"和"一般"的农户共占样本总数的67%,可见农户对移民政策的前景是比较有信心的,认可蓄滞洪区移民工程是造福区内群众的好事。同时,仍有33%的农户选择"不太好"或"不好",对移民工程的实施前景信心不足,究其原因,在于他们对移民工程的持续性表示怀疑,担心政策会变,尤其担心现行的移民补偿金额会变,担心政府承诺的移民优惠政策会变,担心移民后安置地的基础设施不完善,生活不便,担心移民后的生计来源。这一结果要重视,假如对政策没有足够的信心,在行动中,农户观望的概率就很高,很难下定决心移民。

图 4-10 农户对移民工程实施前景的判断

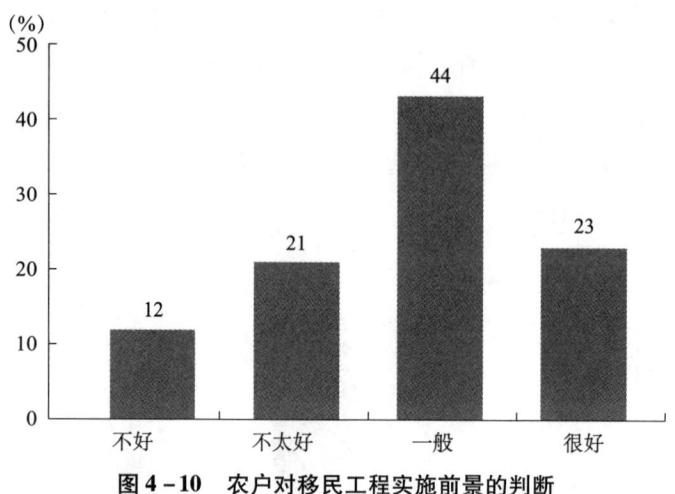

4.3.3 农户的移民行为倾向情况调查分析

行为倾向是个体参与某一特定行为的主观概率。移民行为倾向是潜在移民对是否迁移的主观态度。它是人们对移民的态度和能力的一般描述,是农户对移民或移民准备的反应倾向或准备状态。在认知和判断的基础上,农户会有相应的行为反应倾向。但这种行为倾向是农户迁移意愿的准备状态,并将在很大程度上演变为特定的行为。因此,分析农户的行为倾向对于研究农户的决策行为具有十分重要的研究价值。

4.3.3.1 农户的移民拥护倾向

农户是蓄滞洪区移民迁建工程的参与主体,工程成败的关键在于农户对工程的拥护程度。从样本情况看,农户对工程的拥护程度达89%,对国家实施移民政策投赞成票的群众比重较高。当与农户谈及移民时,很多农户如此评价:"年年都担心洪涝灾害""移民是迟早的事""这样的调研有多次,关键看政府有无决心建保庄圩""村民五年前就总想着搬,但是总失望,国家要下定决心""政府不能光说不干"等。可见,村民盼望永久性搬迁,否则人心不安定。

当然，我们还应该关注到少数农户对移民心存疑虑或者暂不支持，占到样本人数的11%。这部分农户大多是担心国家政策的变化。虽然绝大多数农户都支持移民政策，但不同农户对移民政策的支持程度不同。假如政策不能及时兑现，农户就不会再拥护这项政策。

4.3.3.2 农户的移民参与倾向

农户的参与意愿反映了农户参与移民工程的积极性。2017年12月，安徽省水利厅部署的"行蓄洪区村（庄）台和保庄圩普查工作"的成果之一《全省行蓄洪区现状保庄圩信息汇总表》显示，具有当地户籍的居民总户数为73772户，蓄滞洪区愿意搬迁户数为18474户，愿意搬迁户数占比为25.04%，淮河行蓄洪区居民整体的移民参与倾向只占25%。

本次的调研发现，在"您在多大程度上愿意移民？"的调查中（如图4-11所示），表示非常愿意和愿意移民的农户占31%，而不愿意移民的农户占69%。愿意移民数不足1/3，但高于淮河行蓄洪区居民整体的移民参与倾向。可见，城西湖蓄洪区居民的移民倾向更高，移民工程的实施是有一定的民意基础的。但归根结底，参与意愿还只是一种倾向，并不能代表实际的决策行为，农户是否选择移民的决策源于其对家庭资源禀赋、迁移安置方式和政府补助政策等的响应。

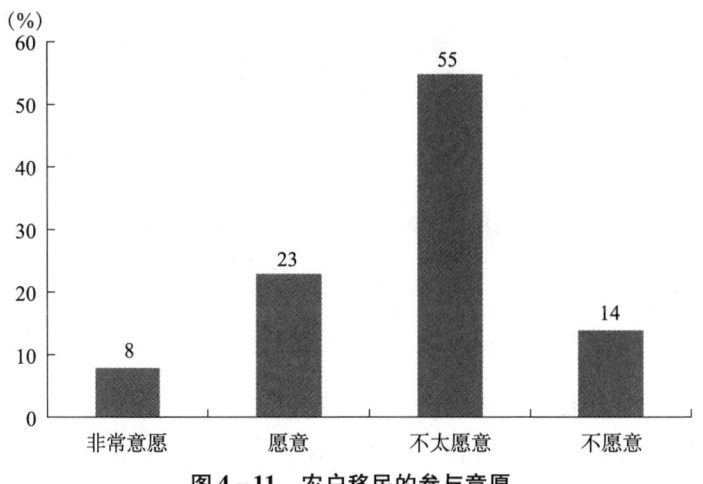

图4-11 农户移民的参与意愿

愿意移民的主要原因排序如下：现居地不安全、每年夏季遭受雨水之患、便于从事副业或外出打工、为了孩子的教育或婚嫁、改善生产生活环境、响应政府号召等。对于不愿意搬迁的原因排名第一的是"移民补助标准太低"，第二是"无钱搬迁"，第三是"耕种不便"，第四是"安置地位置太差"，第五是"面临失业"，还有一部分人认为搬迁后生活成本提高、年龄大不愿意搬迁、自家刚建新房等，具体排序如图4-12所示。结合蓄滞洪区实际看，以上原因基本上代表了蓄滞洪区的实际情况及群众的真实想法。"移民补助标准太低"和"无钱搬迁"是农户普遍反映的突出问题，因特殊的自然环境及传统的生产方式，蓄滞洪区群众的原始积累非常少，贫困是蓄滞洪区的普遍现象。蓄滞洪区的移民补助标准相比于黄河滩区居民外迁和易地扶贫搬迁的补助标准确实是低了很多，存在事实上的"无钱搬迁"。当然，也不排除在回答"无钱搬迁"的人中，有些人存在投机或补偿心理，因为在有些人看来，既然国家肯花钱为他们修建保庄圩和基础设施，那就应该由国家"一包到底"，自己干脆"叫穷"，在移民补助标准等政策上和政府进行博弈。

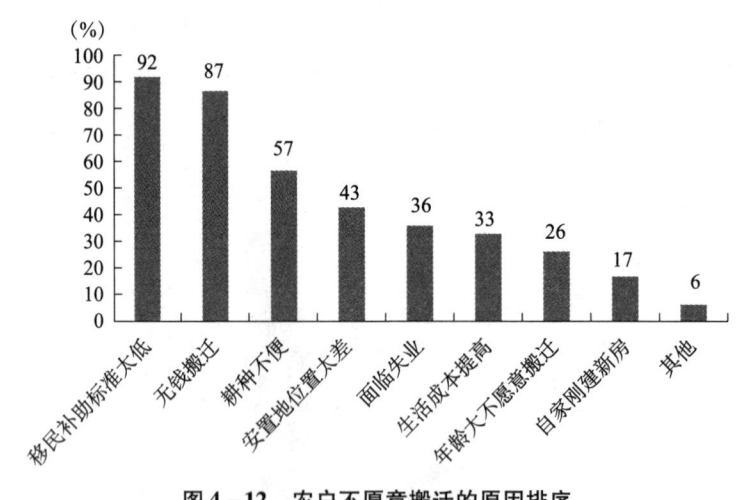

图4-12 农户不愿意搬迁的原因排序

综合以上统计数据，被访农户对待移民的态度可做如下归纳：绝大多数群众基于安全的角度，觉得有必要移民；大多数人对政府出于蓄滞洪区群众安全考虑出资修建保庄圩等表示拥护、赞同；一部分人或是因为个体私利或是存在实际困难，存在矛盾心理，一方面，有搬迁机会可以免除洪水对房屋、农作物的威胁，另一方面，由于高昂的搬迁成本而搬不起。他们面临着两难选择，在这一矛盾心理作用下，对抗情绪或拖延态度纷纷出现在一些人身上。不少人因自身积累能力脆弱的钳制或对个体利益最大化的无限追求，而对搬迁持观望、抵触、拖延态度。于是，政府搬迁政策的完备及执行力度，则成为他们特别关注的焦点。倘若政府搬迁政策考虑不周，执行不当或不力，一些人则会爆发出反感与抵触情绪。

国家出资修建保庄圩和庄台的初衷是为群众办好事、办实事。若由于利益考虑不周、问题处理不当、地方政府配合不力、群众不理解等，移民工作将陷入僵局。决策和管理环节是问题所在，既然国家是为群众谋福利，修建保庄圩和庄台之前，应充分调查群众对待移民搬迁的态度，了解农户的经济承受能力，还要大力宣传搬迁群众是受益者，让大家提前做好思想准备，一定的牺牲是必然的、短期的。在得到群众的充分理解之后，应借助一定的法律程序，以文件、协议的方式明晰国家、地方政府、群众各自的权、责、利，三方签字认可，然后实施移民迁建工程。

4.4 小　结

本章运用翔实的农户调查数据分析了农户对蓄滞洪区移民迁建的态度。将农户迁移态度操作化为农户对移民的认知、判断、行为倾向三个层面，从调查统计的情况看，绝大多数农户对国家实施移民迁建政策持拥护态度。少数对于移民迁建存有疑虑或持不赞成态度的农户，多是因为担心国家政策多变或者不能延续。有迁移动因和移民行为倾向的潜在移民者为数不少，但并不是潜在的移民都会成为现实的移民。农户并不反对迁移，只是对移民补助标准、补助形式、移民安置地的位置等有所不满，所以当前农户的移民参与倾向较低。

本章实地调查分析的结果和研究发现，有待于从理论层面上进行深入的剖析，同时，也需要从其他的研究侧面进一步加以验证。所以，本章调查分析为接下来的第 5 章农户迁移意愿的影响因素研究奠定了客观科学的研究基础，而第 6 章将在本章相关调研分析的基础之上，进一步从理论层面揭示农户迁移决策的行为机理。

第5章　蓄滞洪区农户迁移意愿影响因素分析

本章主要回答"蓄滞洪区农户迁移意愿如何"的问题。与非自愿移民不同,自愿移民若要成功推进,必须充分尊重潜在移民的迁移意愿[142]。移民搬迁虽然是一项具有扶助性质的福利政策,蓄滞洪区的环境对人口迁移有很大的推动作用,然而,由于农民对自己的家园有依恋感,害怕风险,并非所有人都愿意搬迁。农民的迁移意愿是多种多样的,有的农民积极回应,有的农民消极回应,有的农民愿意移民,有的农民不愿移民。调查发现,实际中坚决想迁移的人是少数,大多数人处于"想迁与怕迁"的矛盾之中,既有想通过移民彻底摆脱洪水威胁的想法,也有留恋、顾虑、担心的一面,做出永久迁移的决策对他们来说顾虑重重、并非易事。

一般来说,意愿是行为的前奏。农户迁移意愿反映了农户移民的决策行为倾向,对预测农户迁移行为发生与否以及采取相应的激励措施有着十分重要的指导作用。待迁移民的行动意愿直接影响着未来移民政策的修订,现实中蓄滞洪区农户的迁移意愿如何?影响因素有哪些?哪些是推力?哪些是阻力?本章通过对淮河流域城西湖蓄洪区农户迁移意愿的考察,构建出农户迁移意愿影响因素理论框架,并运用 Logistic 二元回归模型,对蓄滞洪区农户迁移意愿进行实证研究,旨在进一步掌握影响农户迁移意愿的关键因素,预测蓄滞洪区农户的迁移决策行为,为政府如何进一步激励农户进行移民提供决策参考。

5.1 农户迁移意愿影响因素框架构建

关于移民搬迁意愿的研究最早见于 2000 年陶传进论述工程移民搬迁动力分析框架,他指出迁移意愿直接决定动员移民搬迁的难易程度,即移民迁移动力的大小,迁移的"成本—收益性因素"与"非成本—收益性因素"共同决定了待迁移民的迁移态度和迁移行为[202]。在一个完整的经济系统下,农民的行为意愿受多种因素的共同影响。一般地,影响农民行动意愿的因素可分为两类:内部因素和外部因素。不同类型农民的行为是内外因素相互作用的结果[203]。内部因素提供了决策行为的可能性和可行性,同时,内部因素也是决策行为的制约条件;外部因素则激励或约束着农民的决策行为,并可在一定的条件下改变内部因素,直接调整农民决策行为的方向。农户迁移意愿的影响因素也可以从农户内部影响因素和外部影响因素两大方面进行分析。

参考移民相关的研究文献,结合移民迁建工程实践和调研,较系统地总结梳理了农户迁移的内外部影响因素体系,如图 5-1 所示。内部影响因素主要包括户主特征因素、家庭特征因素、农户经济与土地特征因素。外部影响因素包括农户所在村特征因素、安置地特征因素和政策因素等。值得说明的是,因为牵涉安置地的特征,所以本章讲的农户迁移意愿主要安置地指保庄圩和庄台,不包括城镇自行安置移民。下面将针对上述影响因素进行描述性分析。

5.2 农户迁移意愿的内部影响因素

农户迁移意愿的内部影响因素主要包括:户主特征因素、家庭特征因

第5章 蓄滞洪区农户迁移意愿影响因素分析

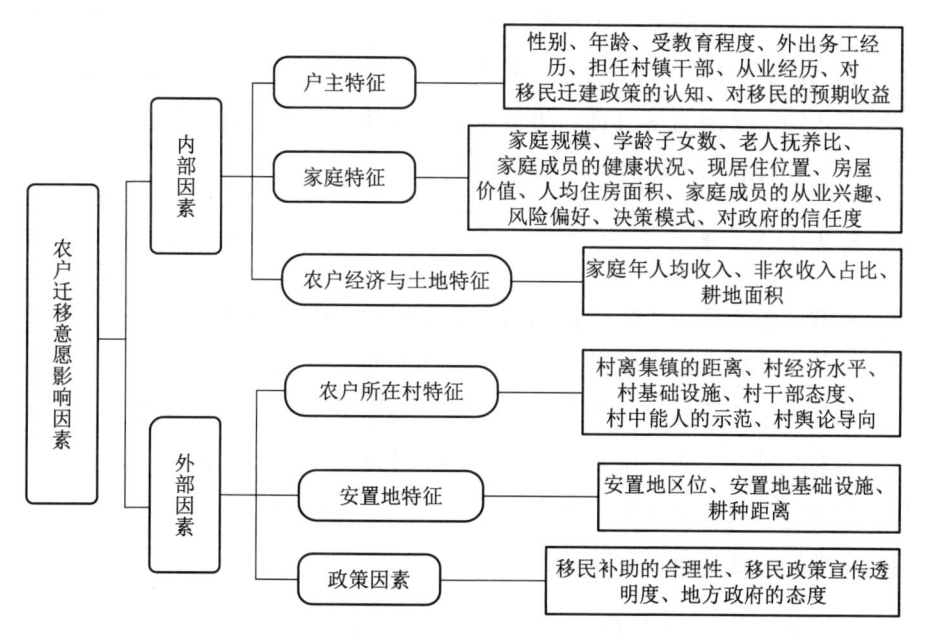

```
                                    ┌─────────────────────────────────────────────┐
                          ┌─户主特征─│性别、年龄、受教育程度、外出务工经历、         │
                          │         │担任村镇干部、从业经历、对移民迁建政策的认知、│
                          │         │对移民的预期收益                              │
                          │         └─────────────────────────────────────────────┘
              ┌─内部因素──┤         ┌─────────────────────────────────────────────┐
              │           │         │家庭规模、学龄子女数、老人抚养比、            │
              │           ├─家庭特征─│家庭成员的健康状况、现居住位置、房屋         │
              │           │         │价值、人均住房面积、家庭成员的从业兴趣、      │
              │           │         │风险偏好、决策模式、对政府的信任度           │
              │           │         └─────────────────────────────────────────────┘
  农户迁移    │           │         ┌────────────────────────────┐
  意愿影响────┤           └─农户经济与土地特征─│家庭年人均收入、非农收入占比、耕地面积│
  因素        │                               └────────────────────────────┘
              │           ┌─农户所在村特征─┐  ┌────────────────────────────┐
              │           │                │─│村离集镇的距离、村经济水平、           │
              │           │                │  │村基础设施、村干部态度、              │
              └─外部因素──┤                │  │村中能人的示范、村舆论导向           │
                          │                │  └────────────────────────────┘
                          ├─安置地特征──────┤  ┌────────────────────────────┐
                          │                │─│安置地区位、安置地基础设施、耕种距离   │
                          │                │  └────────────────────────────┘
                          └─政策因素────────┐  ┌────────────────────────────┐
                                           │─│移民补助的合理性、移民政策宣传透       │
                                              │明度、地方政府的态度                 │
                                              └────────────────────────────┘
```

图 5-1 农户迁移意愿影响因素框架体系

素及农户经济与土地特征因素。

5.2.1 户主特征

本书将户主界定为在家庭中居核心地位，能对家庭重大事务做出决定并承担责任的家庭成员，并且一般来说户主的收入是家庭经济收入的主要构成部分。户主是家庭生产经营活动的决策者，同时也是家庭重大决策的主要负责人，对家庭是否移民具有至关重要的影响。户主的属性特征主要有性别、年龄、受教育程度、外出务工经历、对移民政策认知及预期等。

5.2.1.1 性别

在我国，大多数农户的户主为男性，除非女性单独生活，即大龄不婚女性的单口之家，或离异农户中无成年男性，否则女性一般不会被列为户主。由于蓄滞洪区属于较为贫困落后的农村地区，绝大多数家庭的户主是已婚男性，与实地调研情况基本相符，样本农户中有92%的户主为男性。

一般来说，农村里的男性比女性有更多接受学校教育的机会，与外界接触的机会也多。在信息接收能力、决策识别能力、谋生就业能力、环境适应能力及风险承受能力等方面，男性也远远高于女性。因此，户主性别的差异在农户迁移意愿上可能会有所不同。

5.2.1.2 年龄

一般来说，户主年龄越大，从事农业以外生产劳动的能力越低，在相同的条件下找到合适工作的机会越少，而且越是年长的人，其乡土情结越重，就越不愿意适应一个新的环境，不愿意接受一些新鲜的事物，故而移民的意愿会越低；而户主越年轻，其接受外面新鲜事物的欲望和适应新环境的能力会越强，身体素质也更好，很容易在当地或者外出务工从事第二、第三产业，故迁移意愿会较高。

5.2.1.3 受教育程度

一般而言，受教育程度越高的人，对新事物、新知识、新技能、新方法的学习能力就越强，信息搜集处理能力、机遇识别把控能力也较强，看待事物的视野会更开阔，眼光会更长远，其自身的人力资本水平越高，脱离农业后的生存能力越强。反之，受教育程度越低的人，对于各种新生事物的学习和掌握能力就越低，包括对移民政策的理解能力、移民风险承受能力都越低。当前实施的蓄滞洪区移民迁建属于避灾移民，不同于灾害发生后的移民活动，它是在灾害发生之前主动避让灾害风险，作为一项新工程，户主受教育程度高的农户家庭对移民工程更为关注，认知程度相对高，其迁移决策更为理性。

5.2.1.4 从业经历

户主的从业经历是指户主做过什么样的工作，有过什么样的经历等。从业经历越是丰富，越有助于户主各方面能力的养成，谋生与就业能力会越强。从业经历是户主能力特征的直接表现形式，包括外出务工经历、担任村镇干部的经历、从商经历、参军经历、参与农村合作组织的经历，以

第5章 蓄滞洪区农户迁移意愿影响因素分析

及是不是党员等。有担任村镇干部经历的农户，其家庭的社会政治地位较高，思想认知和觉悟较高，其做出迁移决策的可能性越高，其行为选择对其他农户的影响也更加明显。有从商经历、参军经历或参与农村合作组织经历的农户家庭，眼界会更宽，机遇把握能力更强。一般地，经历越丰富的户主，其能力锻炼就越充足，相应地户主的社会资本网络就越丰富，其信息获取与处理能力就越强，因此，农户对移民的认知程度越高，对移民迁建工程的前景判断也越准确，迁移决策会相对理性。

5.2.1.5 对移民迁建政策的认知

认知，是指人们对获得的知识或信息进行加工的过程，是农户进行迁移决策的基础，户主对移民迁建政策的认知度越高，通常农户迁移的积极性和可能性越高。户主对移民迁建政策的认知与政府的宣传力度和态度有关，同时也离不开农户对信息的接收和理解能力。

5.2.1.6 对移民的预期收益

理性的户主在决定移民之前会根据自己搜集到的相关信息，对移民后可能存在的风险、移民搬迁成本和收益状况进行估算，根据预期结果做出移民与否的决策。户主对移民的预期收益越高，则迁移意愿越高。

5.2.2 家庭特征

农户家庭特征因素主要包括农户人口学特征、农户居住条件特征和农户社会学特征等。

5.2.2.1 农户人口学特征

农户的人口学特征包括家庭规模、学龄子女数、老人抚养比、家庭成员的健康状况等。

（1）家庭规模。家庭人口越多，居住可能越拥挤，生活质量相对越差，生活满意度越低，受蓄滞洪区居住环境恶劣、生活不便的推力，以及安置地生活便利的拉力影响，越愿意迁移。

（2）学龄子女数。学龄子女越多的家庭，有较强的子女入学接受教育的需求，容易被安置地良好的教学质量和教学环境，以及上学的便利性等拉力所吸引，其迁移意愿会较高。

（3）赡养老人数。赡养老人数是指家庭65岁以上年龄人口数。在农村，有劳动能力的老年人并不"吃闲饭"，仍然会从事家庭一部分甚至是大部分的农业生产劳动和家务劳动，若搬迁至城镇，没了耕地，不再从事农业劳作，由于老年人没有务农之外的劳动技能，几乎很难从事其他劳动，老人抚养比高的农户家庭的预期收入会下降，此类农户迁移意愿较低。

（4）家庭成员的健康状况。家庭成员的健康状况关系到家庭的收支情况，若家中有的成员健康状况较差，那么家中劳动力的质量就相对较差或家中的劳动力就会少。医药支出对于中国的普通家庭来讲是一笔很大的费用，若有家庭成员罹患重症或是常年重病卧床，家庭负担和农户生存成本就会很大，会对农户迁移意愿产生影响。一般来讲，家庭成员健康状况差的农户，迁移意愿较低，而健康状况良好的农户适应能力较强，更倾向于迁移。

5.2.2.2 农户居住条件特征

农户的居住条件特征包括现居住位置、房屋价值、人均住房面积等。

（1）现居住位置。一般来说，居住在村内较低洼地和平地的农户，其迁移意愿较高；而居住在较高地势的农户，其迁移意愿相对低。

（2）房屋价值。农户现有的房屋有新建的漂亮楼房，有旧房、老房，有已多年不住人的危房，有些农户家的院落很大，有些人家的院落很小。这些不同的房屋和院落，价值自然不同。预期现有房屋价值越高，农户迁移意愿越弱，反之，现有房屋的价值越低，农户迁移意愿越强。

（3）人均住房面积。若农户家里人口多，或是房屋面积小，居住就会拥挤不便，这样的农户迫切需要增加人均住房面积，所以迁移意愿会更强。

5.2.2.3 农户社会学特征

农户的社会学特征包括农户的从业兴趣、风险偏好、决策模式、对政府的信任度等。

（1）家庭成员的从业兴趣。农户家庭的从业领域和技术专长取决于家庭成员的从业兴趣。如果家庭成员的从业兴趣是农业，那么农户会有相对较低的迁移意愿，相反，若家庭成员的从业兴趣是农业以外的其他产业，那么农户会有相对较高的迁移意愿。

（2）家庭的风险偏好。农户是否选择迁移与整个家庭的风险偏好有重要关系，家庭的风险偏好越大，就越会积极地移民。一般地，敢冒风险的农户会较早选择移民。

（3）家庭的决策模式。传统的"男主外，女主内"依然是大多数农村家庭的决策模式，在家庭经营决策和生产性投资决策方面，男性居主导地位。然而，随着社会的进步和发展，以及户主文化水平的不断提升，在一些家庭事务决策上，民主决策比重显著提高。所以，一般而言，户主的文化水平越高，家庭决策模式越民主，决策信息的处理就越充分，更易做出相对理性、合理的迁移决策。

（4）农户对政府的信任度。对政府是否信任、信任程度如何，会直接关系到农户对政府移民政策的响应程度。如果农户信任政府，那么农户将积极地响应政府的移民政策，如果不信任政府，则会采取拒绝、抵制的手段，或是保持淡漠地观望态度，消极响应移民政策，这在一定程度上体现了因为政策的多变和模糊性造成的农户对政府产生的信任危机[204]。

5.2.3 农户经济与土地特征

5.2.3.1 家庭年人均收入

有研究认为，家庭年人均纯收入越高，间接表明家庭的生活综合满意度越高，人们一般不会愿意主动改变这种满意生活，家庭年人均纯收入与农户迁移意愿负相关[126]；当前收入越高，意味着搬迁的代价越大，与迁移意愿负相关[122]；收入水平较低的家庭，预期移民可以获得较高的收益净增，从而迁移意愿强[124]。相反，也有研究认为，待迁家庭经济收入越高，其搬迁意愿就越强[131]。家庭年人均收入越高，表明家庭经济条件越好，代表移民搬迁成本越充足，从而迁移意愿越高。由此可见，家庭年人均收入对农户迁移意愿有影响是学者们的共识，但对其具体影响方向，学者们对此的认知不同，甚至截然相反，不易判断。

5.2.3.2 家庭非农收入比重

农户收入基本分为两类：一类是农业收入，另一类为第二、第三产业收入，即非农业收入，包括务工和运输、经商带来的收入。农村家庭收入的增长主要来自第二、第三产业，而非农业[205]。非农收入占家庭总收入的比重直接反映了农户家庭成员的非农就业情况，间接反映了农户对土地资源的依赖程度。家庭非农收入的主要来源是打工收入，蓄滞洪区的大多数家庭都有至少一个家庭成员在外打工，家庭非农收入比重越高，表明农户越不依靠土地和农业，其迁移意愿往往较高。

5.2.3.3 耕地面积

耕地是农户最重要的生产资料，耕地具有保障基本生活、养老、增加收入等功能[206]，农户对耕地有特殊的情感。由于我国"三十年不变"的土地政策，蓄滞洪区农户每家的耕地面积不同。耕地面积越大的农户越不情愿放弃现有的耕地，迁移意愿较低，而耕地面积较少的农户，迁移意愿相对较高。

5.3 农户迁移意愿的外部影响因素

5.3.1 农户所在村特征

农户所在村是农户生产生活的外在环境，其特征也将会影响到农户的

第5章 蓄滞洪区农户迁移意愿影响因素分析

迁移意愿。村特征因素主要包括村经济特征和村社会特征。

5.3.1.1 村经济特征

（1）村离集镇的距离。所在村离集镇距离代表着农户进行市场交易的便利性、各种新闻和信息的可获得性等，积极进行市场交易能有效带动劳动力分工，扩大总需求量，提高农户的经济收入。所以，离集镇越远的农户，越渴望近距离地进行市场交易，他们的迁移意愿会更强。

（2）村经济水平。一个村的经济发展水平越高，比如有街、有集市的大村，较周边的村热闹，村民有优越感，只有搬迁至经济更为发达的城镇，农户的迁移意愿才会高，若是搬迁到经济水平更低的保庄圩，农户本身瞧不上那样的地方，其迁移意愿不可能高。

（3）村基础设施条件。村基础设施包括村中是否有幼儿园、小学、诊所，是否通自来水，道路和农业灌溉设施如何等，代表了目前农民生活的方便程度。村基础设施越差，农户越希望搬迁。

（4）村地势低洼程度。地势越是低洼的村，受洪水威胁越大，经济越差，农户的生存条件越差，其渴望迁移到一个安全的生活居住环境、远离洪水威胁的意愿会较高。反之，地势低洼度低的村，洪水危险相对小，农户生存条件相对好，其迁移意愿就会低。

5.3.1.2 村社会特征

（1）村组织及村干部态度。村组织是村公共利益的代表，履行管理与服务的职责。村组织对实施移民迁建政策的态度越积极，宣传就会越到位，移民也就会越多。村组织的职能主要是村干部来完成，所以村干部的自身素质和对待移民的态度直接影响普通农户的行为决策。在移民迁建实践中，村组织及村干部通常是积极的参与者。

（2）村中能人的示范。通常，普通农户之间存在很强的模仿现象，邻里之间的交流、互助和学习影响并制约农户的决策行为。大多数农户只有在亲眼看到邻里乡亲的迁移决策成功后才会学习和效仿。移民迁建工程的实践证实，在工程刚开始时，绝大多数农户采取观望的态度，看到迁移农户建房补助兑现后,部分农户才开始陆续决定移民。这类先行示范农户,大多数有外出打工经历、有较高的文化程度和较好的经济条件、在村中有一定的号召力,这类极少数的村中能人对周边农户的迁移意愿具有很大的影响力。

(3) 村舆论导向。舆论环境影响人们的行动意愿。农户身处村集体这个大的舆论环境中,村舆论导向在一定程度上会影响农户的迁移决策。如果一个村中,舆论偏向于美誉移民迁建工程,那么农户迁移的意愿就会相对强,反之,迁移意愿就低。

5.3.2 安置地特征

安置地特征主要指保庄圩和庄台的地理位置、配套基础设施,以及耕种距离。

5.3.2.1 安置地区位

农户都希望能借着移民的机会,搬到一个经济发达、交通便利、打工机会多的地方安家,城郊自然成为首选之地,其次是中心镇。因此,安置地的区位越好,农户越容易做出迁移决策。与王珞等"将城镇或城郊区等比迁出地社会经济水平优越的地区作为移民安置点"的观点一致[207]。

5.3.2.2 安置地基础设施

道路交通、自来水、电力、义务教育、医疗卫生、文化体育等安置地基础设施是保障移民生活的必要条件,关系到移民初期正常的生产和生活,关系到移民能否安稳定居,也关系到移民家庭的生活质量。显然,安置地基础设施越完善,移民的生活满意度会越高,从而农户的迁移意愿会越高,与赵丹等[208]的观点一致。但是,安置地基础设施完善与否有一定的模糊性,而且只有身处安置地后才能对社区安置地基础设施的优劣加以判断。

5.3.2.3 耕种距离

耕种距离是指保庄圩、庄台等居民安置点距离农户原有耕地的路程。

耕种距离越大，务农越不方便，生产成本提高，农户的迁移意愿越低。耕种距离是农户是否愿意进安置点居住的根本原因[30]。

5.3.3 政策因素

蓄滞洪区移民迁建工程是由政府主导的项目，政府给予搬迁农户建房补助，以降低农户搬迁的经济压力。用移民建房补助的合理性、移民政策宣传透明度及地方政府的态度3个因素，反映政策因素对农户迁移意愿的影响。

5.3.3.1 移民建房补助的合理性

移民建房补助标准太低，现行的蓄滞洪区移民建房补助金额是5.62万元/户（建档立卡贫困户移民除外）①，大部分农户需要借款建房，增加了农户的经济负担，没有多少人心甘情愿地迁移。由于现有住房条件的差别较大，这样的补助政策会引发现有住房条件好的农户的不满情绪，移民建房补助的合理性问题值得进一步研究。

5.3.3.2 移民政策宣传透明度

移民政策信息宣传是否透明、到位关系到农户对移民工作的认知。通常来说，政策宣传越透明，农户对移民工程的认知也就越充分，越有利于农户做出理性移民的决策。

5.3.3.3 地方政府的态度

地方政府对移民迁建工程的态度积极与否，包括是否积极宣传移民迁建政策、是否积极执行政策、是否积极出台相关配套措施等，将影响农户的迁移意愿。一般地，工程所在地的地方政府对工程的态度越积极、热情，对移民迁建工程的支持力度越大，出台的配套激励措施越多，农户的迁移

---

① 安徽省人民政府. 安徽省淮河行蓄洪区居民迁建资金筹措方案 [EB/OL]. http://xxgk.ah.gov.cn/userdata/dochtml/731/2018/9/28/862791227110.html.

意愿就会越高。

综上,在实地调研和文献阅读的基础上,系统地总结出了影响农户迁移意愿的内外部因素体系,但需要指明的是,有些影响因素之间存在相关性,在实证分析过程中,有待进一步判断,从而避免出现因素间的自相关现象和模型分析的多重共线性。

5.4 蓄滞洪区农户迁移意愿影响因素实证分析

本书根据对淮河流域城西湖蓄洪区农户的抽样调查数据,采用统计描述方法和计量经济学模型,对农户迁移意愿及其影响因素进行研究。

5.4.1 理论模型分析

随着社会经济的发展和精准扶贫的持续推进,长期生活在蓄滞洪区的农户选择移民,假设农户是理性经济人,其迁移的最根本目的是获取较大的收益。

根据舒尔茨的"成本—收益"理论,设定蓄滞洪区农户迁移意愿的数学表达式为:

$$D(R) = P\{E - C > R\} \quad (5-1)$$

其中,E 为蓄滞洪区农户对迁移后的预期收益,C 为迁移成本,包括安置地的建房费用,迁移所需的各种人力、时间、精力等成本。R 为农户当前的所有收益,包括现有的宅基地、住房、耕地,以及社会关系资源。$D(R)$ 为农户迁移意愿函数,用一个概率分布函数表示。该模型说明待迁农户做出迁移决策具有一定的随机性,预期收益、迁移成本和农户当前的收益决定了农户做出的最终迁移决策,只有当预期收益和迁移成本的差额大于当前收益时,农户最终才会决定迁移。该模型中农户的迁移成本和当前收益都是较稳定的变量,而预期收益受到农户自身因素及其所处的外部环境的共同影响，不易测量。其数学表达式为：

$$E = f\{N(K_i), F(X_i)\} \quad (5-2)$$

约束条件：$\begin{cases} N(K_i) \geq 0 \\ F(X_i) \geq 0 \end{cases}$

其中，$N(K_i)$ 为农户内在因素的合力，K_i 包括户主年龄、户主学历、户主打工经历、户主对移民的收益预期、家庭规模、学龄子女数、老人抚养比、现有人均住房面积、家庭的风险偏好、家庭年人均收入、非农收入占比、耕地面积等，这些因素有的正向影响农户的迁移意愿，有的负向影响农户的迁移意愿。需要指明，农户的内部因素是一些与外部因素无关，但同时又可通过外部因素来实现的价值体系，它随外部因素而变化，需要外部因素的接受、认可并确认。该模型表明，农户追求迁移最大化收益取决于农户所处的外部环境和他本身具备的内在素质的共同作用。$F(X_i)$ 为外界因素作用于农户所产生的合力，X_i 为农户迁移中"推—拉"模型中涉及的各因素。迁出地的吸引力和移民优惠政策因素对农户迁移决策产生正向拉力，迁出地恶劣的生活生产条件即推力。

5.4.2 变量选取与模型建立

5.4.2.1 变量选取与预期假设

囿于笔者的研究能力，加上研究资料和研究时间的制约，不可能将前文理论框架中的所有因素都作为解释变量加以计量分析。结合人口迁移理论、农户的实际状况以及相关文献的研究经验，在遴选指标时遵循客观性、代表性以及可操作性原则，从中选取了部分变量用于实证研究。（1）反映户主特征的变量：年龄、受教育程度、外出务工经历、是否担任村镇干部、是否从商、对移民的预期收益；（2）反映家庭特征的变量：家庭规模、有无学龄子女、赡养老人数、家庭的风险偏好；（3）反映农户经济与土地特征的变量：家庭年人均收入、家庭非农收入比重、耕地面积；（4）反映农户所在村特征的变量：村离集镇的距离、村经济水平、村组织及村干部态度、村地势低洼程度;(5)反映安置地特征的变量:安置地区位、安置地基础设施、耕种距离;(6)反映政策因素的变量:移民补助标准的合理性、移民政策宣传透明度、地方政府的态度。有 6 个具有完整代表性的一级指标,每个一级指标又可细分,共选取了 23 个自变量。根据前文的理论分析和实地调研结果,参考水库移民搬迁意愿、生态移民迁移意愿、易地扶贫搬迁意愿、人口迁移的动力机制等方面的理论成果,可以对各个自变量对因变量的预期假设方向进行初步判断,预期假设汇总见表 5 - 1。

表 5 - 1　　　　　　　自变量对因变量的预期假设方向

序号	内部影响因素变量	假设方向	序号	外部影响因素变量	假设方向
1 - 1	年龄	-	4 - 1	村离集镇的距离	+
1 - 2	受教育程度	+	4 - 2	村经济水平	-
1 - 3	外出务工经历	+	4 - 3	村组织及村干部态度	+
1 - 4	是否担任村镇干部	+	4 - 4	村地势低洼程度	+
1 - 5	是否从商	+			
1 - 6	对移民的预期收益	+			
2 - 1	家庭规模	+	5 - 1	安置地区位	+
2 - 2	有无学龄子女	+	5 - 2	安置地基础设施	+
2 - 3	赡养老人数	-	5 - 3	耕种距离	-
2 - 4	家庭的风险偏好	+			
3 - 1	家庭年人均收入	+	6 - 1	移民补助标准的合理性	+
3 - 2	家庭非农收入比重	+	6 - 2	移民政策宣传透明度	+
3 - 3	耕地面积	-	6 - 3	地方政府的态度	+

注:"+"代表正向作用,"-"代表负向作用。

5.4.2.2　实证模型选择与建立

本书的因变量是迁移意愿,存在愿意和不愿意两种情况。当因变量具有非连续性并且为二分类变量时,可以采用 Logistic 模型、Extreme 模型或 Probit 模型进行分析。这三种模型的主要区别在于模型中随机误差项的分布类型不一样。相对于后两种模型,Logistic 模型应用更为普遍,主要有三个原因:第一,Logistic 模型对自变量的要求比较宽松,自变量无须是连续变量,任何类型的变量都能接受,并且无须将自变量设定为服从联合正态分布；第二，Logistic 模型的非线性形式可以确保概率值会在有效区间内；第三，Logistic 模型中因变量属于二分类变量，数值只能是 0 或 1，表示该事件是否发生。综上所述，运用 Logistic 模型分析个体的决策行为较为理想，因而使用此模型研究农户迁移意愿的影响因素。

根据前文的研究假设，农户迁移意愿受到以下 6 大类因素的共同影响：户主特征；家庭特征；农户经济与土地特征；农户所在村特征；安置地特征；政策因素。

选取 Logistic 模型进行回归，该模型基本形式为：

$$P_i = F(Z_i) = P(\alpha + \beta X_i + \mu) = \frac{1}{1 + e^{-z_i}} = \frac{1}{1 + e^{-(\alpha + \beta X_i + \mu)}} \quad (5-3)$$

其中，$Z_i = \alpha + \beta X_i + \mu$，e 代表自然对数的底。式（5-3）的估计式为：

$$\text{Log} \frac{P_i}{1 - P_i} = Z_i = \alpha + \beta X_i + \mu \quad (5-4)$$

模型的具体形式可以表示为：

$$\text{Log} \frac{P_i}{1 - P_i} = \alpha + \beta_1 X_{i1} + \beta_2 X_{i2} + \beta_3 X_{i3} + \cdots + \beta_n X_{in} + \varepsilon_i \quad (5-5)$$

其中，P 代表事件发生的概率。Logistic 模型中的变量关系服从 Logistic 函数分布，而 Logistic 可以将回归变量的值域有效地限制在 [0, 1] 范围。

假设迁移的净收益为 R_n，R_n 可以用以下方程模拟：

$$R_n = \beta Y_i + \varepsilon_i \quad (5-6)$$

其中，$Y_i = f$（内部影响因素、外部影响因素）$= f$（户主特征、家庭特征、农户经济与土地特征、农户所在村特征、安置地特征、政策因素）。

假定 ε_i 的累积分布为 Logistic 分布，要模拟的 Logit 模型就是：

$$P(\text{迁移}) = P(R_n > 0) \quad (5-7)$$

5.4.3 数据说明及变量定义

5.4.3.1 研究区概况

安徽省六安市霍邱县城西湖蓄洪区是淮河干流最大的蓄洪区，蓄洪区由城西湖进洪闸、退水闸和圈堤构成。城西湖蓄洪区设计蓄洪水位 26.4 米，蓄洪面积 517.1 平方千米，蓄洪库容积 28.9 亿立方米。蓄洪区内耕地面积 37.41 万亩，小麦、水稻和大豆为主要农作物，共辖 15 个乡镇和 103 个行政村，现居民数量为 18.78 万人。蓄洪区内地势是南高北低，一条沿岗河将城西湖区分为湖心和湖周两部分。湖心地区地势比较平坦，而湖周地区属于丘陵，地势有一定起伏。

新中国成立后，城西湖蓄洪区在 1954 年、1968 年和 1991 年各蓄洪 1 次，为淮河流域的防洪抗灾做出重大贡献，当地居民也为防洪付出了巨大代价。2003 年的淮河大水，根据政府下达的命令，城西湖蓄洪区居民需要暂时撤离居住地，但最终并未蓄洪，人均搬迁补偿款不到 300 元。目前，区内有 12 座庄台，1.36 万居住人口，有 1 座河口保庄圩，圩内居住人口 0.21 万人。现有低洼地 17.69 万人，庄台超容量 0.64 万人，共计 18.33 万人需要安置。当前正在规划新建王截流、陈郢 2 座保庄圩，预计可安置 7.34 万人，外迁至区外安全区域安置人口 6.27 万人。[①]

5.4.3.2 变量定义及样本描述

本书将农户迁移意愿作为因变量，在第 4 章农户迁移态度调查基础上，以研究区 5 个乡镇的 268 户受访农户调研数据为基础（调查问卷内容见附录的第四部分），对农户迁移意愿的影响因素进行实证研究（见表 5-2 至表 5-8）。迁移意愿有愿意和不愿意两种情况，根据问卷的设计，因变量的结果为愿意移民取值为 1，否则取值为 0。根据调查结果，在受访的农户中，被问及"您在多大程度上愿意移民"时，回答非常愿意和愿意的只有 31.3%，而回答不太愿意和不愿意的比例高达 68.7%。

表 5-2　　　　　　　　　变量赋值及样本分布情况

变量名称	变量赋值	人数（人）	样本分布比（%）
因变量：迁移意愿	不愿意移民 = 0	184	68.7
	愿意移民 = 1	84	31.3

---

① 安徽省人民政府. 安徽省淮河行蓄洪区安全建设规划（2018-2025 年）[EB/OL]. http://xxgk.ah.gov.cn/userdata/dochtml/731/2018/9/28/814616177111.html, 2018-09-28.

表5-3 户主特征变量赋值及样本分布情况

变量名称	变量赋值	人数（人）	比例（%）
年龄	<30=1	19	7.1
	≥30-45=2	46	17.1
	≥45-60=3	94	35.1
	≥60=4	109	40.7
受教育程度	文盲=1	50	18.7
	小学=2	121	45.1
	初中=3	62	23.1
	高中=4	27	10.1
	大专及以上=5	8	3.0
是否有外出务工经历	否=0	226	84.3
	是=1	42	15.7
是否担任村镇干部	否=0	38	14.2
	是=1	230	85.8
是否从商	否=0	27	10.1
	是=1	241	89.9
对移民的预期收益	低=0	88	32.8
	中=1	118	44.1
	高=2	62	23.1

表5-4 家庭特征变量赋值及样本分布情况

变量名称	变量赋值	人数（人）	比例（%）
家庭规模	<3=1	83	31.0
	≥3-4=2	124	46.3
	≥5=3	61	22.7
有无学龄子女	无=0	181	67.5
	有=1	87	32.5
赡养老人数（65岁以上老人）	<2=1	79	29.5
	≥2-3=2	161	60.1
	≥4=3	28	10.4
风险偏好程度	低=1	94	35.1
	中=2	139	51.9
	高=3	35	13.0

表 5-5　　　　　农户经济与土地特征变量赋值及样本分布情况

变量名称	变量赋值	人数（人）	比例（%）
家庭年人均收入（万元）	<0.3＝1	21	7.8
	≥0.3-0.5＝2	43	16.1
	≥0.5-1＝3	103	38.4
	≥1-1.5＝4	77	28.7
	≥1.5＝5	24	9.0
家庭非农收入比重	<10%＝1	22	8.2
	≥10%-40%＝2	39	14.6
	≥40%-60%＝3	62	23.1
	≥60%-80%＝4	89	33.2
	≥80%＝5	56	20.9
耕地面积（亩）	<3＝1	88	32.8
	≥3-6＝2	123	45.9
	≥6＝3	57	21.3

表 5-6　　　　　农户所在村特征变量赋值及样本分布情况

变量名称	变量赋值	人数（人）	比例（%）
村离集镇的距离（千米）	<5＝1	82	30.6
	≥5-10＝2	94	35.1
	≥10＝3	92	34.3
村经济水平	低＝1	108	40.3
	一般＝2	92	34.3
	高＝3	68	25.4
村组织及村干部态度	消极＝0	151	56.3
	积极＝1	117	43.7
村地势低洼程度	低＝1	97	36.2
	一般＝2	105	39.2
	高＝3	66	24.6

表 5-7　　　　　安置地特征变量赋值及样本分布情况

变量名称	变量赋值	人数（人）	比例（%）
安置地区位	保庄圩=1 庄台=2 中心镇=3 城郊=4	61 42 73 92	22.8 15.7 27.2 34.3
安置地基础设施	较差=1 一般=2 较好=3	125 108 35	46.6 40.3 13.1
耕种距离 （千米）	<2=1 ≥2-5=2 ≥5=3	64 109 95	23.9 40.7 35.4

表 5-8　　　　　政策特征变量赋值及样本分布情况

变量名称	变量赋值	人数（人）	比例（%）
移民补助标准的合理性	不合理=0 合理=1	213 55	79.5 20.5
移民政策宣传透明度	低=0 高=1	187 81	69.8 30.2
地方政府的态度	消极=0 积极=1	165 103	61.6 38.4

5.4.4　模型估计与结果分析

若直接将潜在自变量全部代入模型中进行分析解释，就无法确保模型的稳定性和准确性，可能会使方程包含一个或者多个无关变量，从而导致相关变量间的多重共线性关系。若模型中包含无意义变量，会使系数的标准误差变大，对参数进行概率推断的精度也会相应下降；而在多重共线性下，虽然回归方程的系数可以确定，但是同样会使系数的标准误差变大，影响系数显著性的判断[209]。因此，在使用 Logistic 回归分析之前，需要检验模型中自变量的多重共线性[210]，然后确定最终入选的自变量。本书运用

Spss18.0 中的容忍度（Tolerance）检验自变量的多重共线性，步骤如下：首先设置年龄为因变量，将其他变量设为自变量建立回归模型，算出 Tolerance 值；然后依次改变因变量对其他自变量进行回归，得到每个自变量的 Tolerance 值。根据分析结果，最小自变量的 Tolerance 值为 0.342，大于 0.2，表明模型中 23 个自变量之间均无多重共线性，可以进行 Logistic 回归分析。①

本书选取了 268 个样本，运用 Spss 软件构建 Logistic 回归模型。在对变量进行显著性检验时，使用"Backward Stepwise（Likelihood Ratio）"方法来筛选自变量，将所有预设自变量都代入模型进行显著性检验，根据结果剔除影响不显著的自变量，然后继续检验，直到方程中所有变量的检验值基本显著为止，最后估计结果见表 5-9。

表 5-9　　　　　　农户迁移意愿 Logistic 模型估计结果

解释变量	B 回归系数	Wald 统计量	Sig. 显著性	Exp（B） 发生比
年龄	-0.582**	3.007	0.037	0.559
受教育程度	1.654*	2.169	0.062	5.228
外出务工经历	0.445**	0.613	0.026	1.560
对移民的预期收益	1.794**	3.421	0.032	6.013
家庭规模	-0.634**	7.338	0.018	0.530
有无学龄子女	2.035*	4.812	0.057	7.652
家庭年人均收入	-2.645***	0.913	0.007	0.710
非农收入比重	0.324**	3.741	0.028	1.383
村离集镇的距离	2.148***	9.076	0.008	8.568
村地势低洼程度	3.035***	14.712	0.005	20.801
安置地区位	2.476***	12.498	0.006	11.894
安置地基础设施	0.461**	7.815	0.045	1.586
耕种距离	-1.723*	15.126	0.062	0.179
移民建房补助的合理性	3.743***	18.963	0.001	42.224

---

① 容差是检验多重共线性的指标，当变量存在高度共线性时，容忍度系数小于 0.2，接近于 0。

续表

解释变量	B 回归系数	Wald 统计量	Sig. 显著性	Exp（B）发生比
政策宣传透明度	0.768*	1.968	0.052	2.155
常数项	-7.627	2.643	0.000	
2LogLikelihood	147.539			
Cox & Snell R^2	0.414			
Nagelkerke R^2	0.571			

注：***、**和*分别表示在1%、5%和10%的统计水平上显著。

从模型拟合优度检验看（见表5-10），最后一次回归中，极大似然估计值为147.539，Cox & Snell R^2 和 Nagelkerke R^2 值分别为0.414和0.571，说明最终模型的整体拟合效果良好，回归结果具有相当的可信性。

表5-10　　　　　　模型总体检验结果

-2Log Likelihood	Cox & Snell R^2	Nagelkerke R^2	Sig.
147.539	0.414	0.571	0.000

根据上述模型估计和检验结果，具体分析结果如下。

5.4.4.1　户主特征变量的影响

是否担任村镇干部和是否从商2个变量未通过检验，与预期假设不符。

户主年龄变量对农户迁移意愿的影响在5%的水平上显著，且其回归系数为负，与预期假设一致。年龄越大的人，其乡土情结越重，适应新环境的能力较差，愿意一辈子守着老房子和老邻居，而不愿意搬迁到一个新的家园。相反，年龄越轻的人，其适应性越强，越愿意搬迁。

户主受教育程度变量对农户迁移意愿的影响在10%的水平上显著，与预期假设一致。受教育程度越高的人，代表其自身的人力资本水平越高，脱离农业后的生存能力越强，因此迁移意愿越高。

户主外出务工经历变量通过了显著性水平为5%的检验，表明户主的外出务工经历会增强其迁移意愿，与前文的预期假设一致。随着中国城镇化进程的加快，农村青壮年劳动力进城打工的数量剧增，户主的外出务工经历开阔了眼界，他们认为外面的天地更为广阔，机会更多，搬出去比待在蓄洪区里更为明智。

对移民的预期收益变量通过了显著性水平为5%的检验，回归系数为正，表明户主对移民的预期收益会显著增强其迁移意愿，与前文的预期假设一致。户主对移民的预期收益越高，代表着他对移民后美好生活的期待越高，则其迁移意愿就越高。

5.4.4.2 家庭特征变量的影响

赡养老人数和家庭的风险偏好2个变量未进入回归模型，说明家中老年人口的数量和家庭风险偏好对农户迁移意愿的影响不明显。

家庭规模变量对农户迁移意愿的影响在5%的水平上显著，但其回归系数为负，与预期假设不一致。预期假设认为家庭规模越大、人均居住面积越小、生活设施越差，在受到安置地生活便利因素的拉力影响下，这些农户迁移意愿越高。然而事实上，家庭规模大的农户搬迁成本更高、迁移阻力更大，因此家庭规模变量和迁移意愿存在负相关关系。

有无学龄子女变量通过了显著性水平为10%的检验，与假设一致。调查中发现，蓄洪区农户对子女的教育问题非常重视，或许是因为这些农户自己文化低的缘故，他们将希望寄托在孩子身上，许多农户为了孩子能接受更好的教育而到镇上或县城租房陪读。子女较多的家庭，都面临将来男孩娶亲、女孩出嫁的婚姻大事，而居住位置是双方特别是女方所考虑的关键性因素之一[124]，因此有无学龄子女变量与农户迁移意愿呈正相关关系。

5.4.4.3 农户经济与土地特征变量的影响

耕地面积变量未进入回归模型。预期假设认为，耕地对农户来说是最重要的生产资料，每家的耕地面积不同，甚至差别很大。但是调查结果却说明，当前蓄滞洪区里的农户越来越不依赖土地生活，"庄稼经常被淹，收成很低""农作物价格不高""出去打工挣钱多"，因此，耕地对蓄滞洪区里的农户来说似乎变得不那么重要。

家庭年人均收入变量通过了显著性水平为1%的检验，且其回归系数为负（sig. =0.007）。有学者认为，移民会带来风险，而家庭年人均收入越高，农户的风险承担能力会越大[211]，搬迁成本相对充裕，农户越有可能做出移民的决策。但事实上，对于蓄滞洪区的农户来说，年人均收入高的农户收入多来自外出务工，他们往往会用打工挣的钱回乡建新房，投入比较多，迁移就意味着新建住房的钱白花了，因此他们不愿意移民。同时，家庭年人均收入直接反映了一个家庭的经济和生活水平，间接反映了家庭的生活满意度，对于改变目前生活状态的意愿比较低。因此，家庭年人均收入越高，意味着搬迁的代价越大，从而迁移态度愈谨慎，农户的迁移意愿越低，与唐勇智（2010）[122]、唐宏等（2011）[123]的观点一致，即家庭年人均收入与农户迁移意愿负相关。

非农收入比重变量通过了5%的显著性水平检验，且其系数为正，这与预期假设一致。蓄滞洪区农户的收入基本分为两类：一类是农业收入；另一类为第二、第三产业收入。移民人均收入的增长主要来非农业，城镇化的发展为农村剩余劳动力提供了更多的就业机会，使得农村家庭年收入的结构发生了变化。非农收入占家庭总收入的比重越大，表明家庭收入越不依赖土地，从而家庭的迁移意愿越高。

5.4.4.4 农户所在村特征变量的影响

村经济水平、村组织及村干部态度2个变量未进入回归模型。对此，可能的解释是，由于长期以来限制发展的政策和洪水的威胁，蓄滞洪区农村的经济水平大多较为落后，而所谓的经济水平高的村及有优越感的村民，也只是相对的，因此，村经济水平与农户迁移意愿关系不大。由于村组织及村干部既是蓄滞洪区移民政策的实施者，也是移民政策的对象，尤其是村干部在移民问题上考虑更多的是成本收益、移民的风险等，出发点与一般的村民是一样的，不会因为自己是村干部就毫不犹豫地做出迁移的决策，因此村组织及村干部态度对农户迁移意愿的影响不显著。

村离集镇的距离变量通过了1%的显著性水平检验，且其系数为正（sig. =0.008），与预期假设一致。调研发现，村距离集镇越近，或者村本身就是集镇，村的道路交通设施就越便利，公共设施配套越完善，村民生活越方便,村民有一定的优越感,其迁移意愿就不高。反之,离集镇越远的农户,村的交通道路及公共设施越差,生活及生产越不方便,村民渴望搬迁到集镇驻地或者距离集镇、县城近的地方居住生活,这部分人的迁移意愿就越高。所以,村离集镇的距离变量与农户迁移意愿呈正相关关系。

村地势低洼程度变量通过了1%的显著性水平检验,且其系数为正(sig. =0.005),与预期假设一致。根据调研情况,地势越是低洼的村,洪水威胁越大,农户的生存条件越差,其迁移意愿越强,即地势低洼程度正向影响农户的迁移意愿。

5.4.4.5 安置地特征变量的影响

安置地区位变量通过了1%的显著性水平检验,且其系数为正(sig. = 0.006),这与预期假设一致。对于农户来说,城郊区位较中心镇区位更容易做出迁移决策,原因在于城郊区位比中心镇区位的经济更发达、交通更便利、打工机会多。同理,中心镇区位又比保庄圩和庄台的生产、生活条件好。安置地区位越好,农户的迁移意愿越高。

安置地基础设施变量通过了5%的显著性水平检验,且其系数为正,与前文假设一致。除了安置地区位,安置地基础设施如何直接关系移民后的生活和生产,也是待迁移民较为关心的一个因素,移民都想搬到一个基础设施条件完善的新居住地。当然,如前文所述,安置地基础设施是否完善具有一定的模糊性,当前的判断是基于过去经验的总结,只有搬到安置地后才能对其基础设施的优劣做出准确的判断。

耕种距离变量通过了10%的显著性水平检验,且其系数为负,与前文假设一致。由于当前蓄滞洪区移民迁建的安置方式以迁入保庄圩为主,人地分离,耕种距离过大,确实给农户的生产带来了不便,所以耕种距离变量与农户迁移意愿呈负相关关系。

5.4.4.6 政策特征变量的影响

地方政府的态度变量未进入回归模型。地方政府实施蓄滞洪区移民迁建的具体工作,是执行上级政府的行政命令,实施移民工作的困难很大,尽管有些地方政府表现出一定的畏难情绪，对执行移民工作的态度不积极，但是归根结底，作为蓄滞洪区移民政策的具体实施者，地方政府必须贯彻执行这一行政命令。所以，地方政府的态度变量与农户的迁移愿意关系不大。

移民建房补助的合理性变量通过了1%的显著性水平检验，且其系数为正（sig.=0.001），与前文假设一致。在所有的变量中，移民建房补助合理性的回归系数最大，为3.743，表明移民建房补助标准是否合理对农户迁移意愿的影响最大。调研中农户普遍最关心的问题之一是移民建房补助金额的大小。诚然，所有待迁农户都希望政府给的移民补助金越多越好，钱给得越多，选择迁移的人就越多，这是人的贪婪性的体现。但是由于淮河行蓄洪区形成的特殊的历史原因，蓄滞洪区里的人不可能全部迁走，政府实施蓄滞洪区人口迁移的目的也不是将所有蓄滞洪区里的人都迁出去，所以政府的移民补助金不可能越给越高。

移民政策宣传透明度变量通过了10%的显著性水平检验，且其系数为正。移民政策信息宣传越透明，越有利于营造良好的移民舆论环境氛围，增加农户对移民工作的认知。政策宣传透明度正向影响农户的迁移意愿。

5.4.5 主要结论

（1）以调研样本户为例，蓄滞洪区农户迁移意愿受内外部因素的综合影响。家庭年人均收入、村离集镇的距离、村地势低洼程度、安置地区位和移民建房补助的合理性5个变量的检验值均在1%的水平上显著，说明这5个因子对农户迁移意愿的影响最为显著，其中，家庭年人均收入变量对农户迁移意愿的影响作用为负，其余4个因子均起到正向影响作用。

户主年龄、户主外出务工经历、户主对移民的预期收益、家庭规模、非农收入比重、安置地基础设施6个变量的检验值均在5%的水平上显著，说明这6个因子对农户迁移意愿的影响作用较大，其中，户主年龄和家庭规模对农户迁移意愿的影响作用为负，其余4个因子均起到正向影响作用。

户主受教育程度、有无学龄子女、耕种距离、政策宣传透明度4个变量的检验值均在10%的水平上显著,说明这4个因子对农户迁移意愿有影响,其中,耕种距离变量对农户迁移意愿的影响作用为负,其余3个因子均起到正向影响作用。

(2) 除了家庭规模,绝大多数因子对农户迁移意愿作用方向的实证结果与预期假设一致。对于蓄滞洪区的农户来说,包括建房成本在内的搬迁成本是一笔不小的开支,家庭规模越大,意味着搬迁成本越高,所以家庭规模与农户迁移意愿负相关。

(3) 经统计分析检验,家庭年人均收入变量负向影响农户迁移意愿,家庭年人均收入越高的家庭,意味着其当前生活满意度越高,他们愿意继续维持当前稳定满意的生活状态,而不愿意承担移民搬迁的成本和风险。这一结论与唐勇智(2010)、时鹏(2013)、王珊(2010)等的观点一致。

(4) 是否担任村镇干部、是否从商、赡养老人数、家庭的风险偏好、耕地面积、村经济水平、村组织及村干部态度、地方政府的态度8个变量未进入回归模型。对此可能的解释是,本书中所采用的样本数据偏小,样本农户的特征难以覆盖所有的影响因素。

5.5 小　结

本章分析蓄滞洪区农户迁移决策研究的核心问题:迁移意愿。首先构建出了一个农户迁移意愿影响因素分析框架体系,并运用农户调查数据引入Logistic二元回归模型对农户迁移意愿的影响因素进行实证分析,发现迁移意愿受到农户内部因素和外部因素的共同影响。农户迁移意愿的内部影响因素是户主特征、家庭特征和农户经济与土地特征,外部影响因素是农户所在村特征、安置地特征和政策因素。实证分析结果表明,如果移民补助标准能够提高,基本满足多数农户的合理需求;如果农户所在村地势较低洼,洪水危险程度高;如果所在村位置偏僻,交通不便,离集镇的距离较远;如果安置地区位较好,靠近县城或集镇;如果户主年龄较轻、有外出务工经历、对移民的预期收益持乐观态度，那么其选择迁移的意愿就会相对高。由此可见，提高蓄滞洪区农户整体迁移意愿的主要方法：一是提高移民补助标准；二是选择区位较好的移民安置地；三是优先选择那些所在村整体地势较低洼、位置偏僻、交通不便、离集镇距离较远、洪水危险程度高的农户家庭。另外，有学龄子女、非农收入比重较大及贫困户家庭的迁移意愿也相对较高，当前这部分人的需求也要重点关注、合理引导，进一步提高他们的迁移意愿，促成迁移行动。

作为蓄滞洪区耕地和宅基地的所有者，农户的迁移意愿对蓄滞洪区的规划与建设及当地的社会稳定具有重要影响。迁移意愿受多种因素影响，但最核心的还是利益因素。因此，在蓄滞洪区移民迁建工程实施的过程中，当地政府应当加快出台适合当地情况的移民政策和配套保障措施，为农户提供更多的职业技能培训和非农就业机会，将移民与农户的经济效益联系起来，更好地激发农户的迁移意愿，农户的迁移行为才能具有持续性。

第6章　蓄滞洪区农户迁移决策行为机理研究

本章主要回答"蓄滞洪区农户迁移决策行为机理如何"的问题。蓄滞洪区移民决策的主体有两个：一是政府，主要是对移民政策进行顶层设计、安排实施过程以及根据实施情况不断调整政策；二是农户，农户是最终做出移民决策与否的主体，也可以称之为移民政策的受体，农户的决策是在现有的政策条件下决定是否迁移。如何进一步推动农户迁移、解决农户迁移决策过程中面临的各种问题、规范农户的迁移行为，认识和把握农户迁移决策行为的基本特点和规律是关键所在。农户迁移决策特点和规律具体体现为农户迁移决策是如何形成的，即农户迁移决策行为机理，以及迁移决策的过程。

当前的移民研究要么从政府的角度出发，研究政府应该如何制定政策，而忽略了作为迁移主体的农户，要么运用回归分析等方法比较户主特征、家庭属性特征与移民的相关性，忽略了农户迁移决策过程的研究。第5章分析了农户迁移意愿的影响因素，本章将进一步分析农户迁移决策模式，运用社会学理性选择理论分析农户的迁移决策行为，并以计划行为理论为指导，运用结构方程模型实证分析农户迁移决策的影响因素及其作用路径，据此阐释农户迁移决策的内在行为机理，并提出一个农户迁移决策过程的理论模型，以期把握蓄滞洪区农户迁移决策行为的基本特点和规律，为政府制定移民政策提供参考。

6.1 蓄滞洪区农户迁移决策模式

决策模式是对决策过程客观规律的描述，是决策者进行决策应当遵循的行动原则和一般规律。农户迁移决策模式是识别农户迁移决策行为规律的模式，对决策模式的理解，有助于把握决策的整个过程。现实中，农户不是孤立的，他们和周围的其他农户密切地联系，彼此交换信息。同时，囿于自身的知识储备，农户会关注周围其他农户的行为，并会不自觉地加以模仿。农户间一直存在一种羊群行为，盲目跟从加重了农户行为的非理性[212-213]。因此，要准确地刻画农户在决策过程中的行为、分析农户的迁移决策模式，需要充分考量农户群体相互之间的影响。曹光乔（2010）认为，农户的决策模式主要有两种：一是理性决策模式，二是从众决策模式[214]。柯水发（2007）将退耕农户的决策模式分为三种类型：自主理性决策模式、从众模仿决策模式和被动接受决策模式[205]。尚雨（2012）将农户土地流转决策模式分为三类：理性思考决策模式、跟风模仿决策模式和被动接受决策模式[215]。

根据相关决策理论和有关学者的研究，结合蓄滞洪区移民的自愿性质，可以将蓄滞洪区农户迁移决策模式分为如表6-1所示的两种类型。

表6-1 两种农户迁移决策模式比较

决策模式	自主理性决策模式	从众决策模式
决策目标	成本—收益最大化	风险最小化
决策特点	理性、主动	模仿性、趋同性
决策关键因素	外部政策环境和自身资源	其他农户的示范效应
决策风险偏好	风险大	风险小
农户类型	创新型	保守型
所占比例	少数	大多数

一是自主理性决策模式。在做出决策之前，这类农户将首先会通过各

种渠道了解移民政策内容,然后分析外部政策环境及自身的资源,充分了解移民带来的机会、威胁、优势和劣势,评估迁移的成本、风险、迁移后的收益。只有少数农户采取自主理性决策模式,采取此类决策模式的农户大多为"理性经济人",他们的身体素质、文化程度、经济条件,以及社会关系资源相对较好,普遍属于村中的精英人物。另外,近期有建房需求或有进城镇购买商品房打算的农户,也会主动选择移民。

二是从众决策模式。多数农户会采取从众决策模式,他们在进行迁移决策时,会首先采取观望等待的策略,在移民工程进程中不断了解移民政策,同时密切关注部分率先移民的农户及其行为,并以旁观者的姿态分析已迁农户的利弊得失。如果发现移民利大于弊,得大于失,那么在政府号召、移民舆论和邻里亲朋游说下,农户会从众做出移民的决策。如果发现弊大于利,失大于得,此类农户将继续观望或做出不移民的决策。采取此类决策模式的农户大多为"有限理性的经济人",他们受自身素质、家庭禀赋、经济条件、拥有信息及风险偏好等因素的制约,常常通过模仿他人的方式,做出同大多数人一样的举动。作为"有限理性的经济人",如果做出的决策可以提高自身的预期收益,降低风险,那么农户就会做出响应的决策。如果不能提高农户的预期收益,农户则会放弃响应。

6.2 蓄滞洪区农户迁移决策的理性选择逻辑

社会学"理性选择理论"最初借鉴了经济学的"理性选择理论",并对理论进行了扩展,不仅对人们的经济行为进行了解释,而且还尝试解释更加复杂的社会行为。詹姆斯·科尔曼(James Coleman)通过研究发现:社会结构、社会关系、集体行为和集体决策等从根源上是个体为了追求最大效用分析成本效益后而做出的理性选择结果。依据人们追求目标的不同假设,生存理性、经济理性和社会理性属于人类理性行为的三个不同层次[216]。其中,最基本的层次是生存理性,只有当生存理性得到充分体现和发挥时，人们才会考虑选择经济理性或社会理性。迁移决策必然会要求决策者理性权衡迁移所产生的各种压力、条件、机会与约束等要素，而这种理性包括了生存理性、经济理性和社会理性三个层次。

6.2.1 生存理性对农户迁移决策的影响

生存压力为主导的理性选择就是生存理性选择。现居住地的生存压力是农户做出迁移决策的根本动因。其中，自然环境灾害和自然资源条件所产生的生存压力对农户的影响最为直接。蓄滞洪区的自然环境灾害主要是洪水灾害对农户日常生活和农业生产的影响，尤其是当国家决定启用蓄滞洪区时，农户由于洪水压力带来的生存问题将受到极大的挑战，且洪水压力越大，农户越倾向于移民。自然资源条件方面主要表现为人、水、地关系的紧张，即在确保防洪安全的情况下，在目前的生产经营条件和技术水平条件下，蓄滞洪区的土地难以创造出维持区内居民生存和发展的劳动成果。人、水、地关系越紧张，生存压力越大的地区，人们的迁移动力就会越大，生存理性选择就越主动、具体。这时，生存压力就是农户倾向于移民的前提。在生存压力下，决定蓄滞洪区农户是否移民的首要因素是生存理性选择。如2003年、2007年淮河大水后的移民搬迁，移民是为了维持整个家庭的生存而选择的行为，是现实的驱动力所致。

自然环境造成的压力一般是长时间积累的结果，具有一定的"惰性"[217]。由于"习惯成自然"，长期生活其中的个体，由资源环境带来的"压力感"将有所下降，从而逐渐适应以致无视于这种压力的存在[217]。生存理性的出发点是"生存"，根据马斯洛的需求层次理论，生存理性是低层次的，以稳定和安全为基础。越是贫穷的家庭，其风险承受能力越弱，越倾向于规避风险，因此，农户为了避免移民可能带来的重大短期损失，而愿意牺牲某些长远的利益选择留在蓄滞洪区。这些因素，在某种程度上解释了当前现居住地的环境对蓄滞洪区农户的迁移决策影响较弱的原因。

6.2.2 经济理性对农户迁移决策的影响

迁移是一个短暂的过程，而移民对安置地的适应则是长期的。随着生存压力的减缓和社会经济的发展，蓄滞洪区农户的移民选择正在逐渐减少。单从生存角度来寻求解释，已无法说明当今为什么大部分蓄滞洪区农户不愿意移民，显然，今天的农民具有了更高层次的追求。究其原因，从理性选择的角度来看，农民不仅有"生存理性"，还有"经济理性"。新古典经济学认为，迁移是迁移者为了追求比原住地更高的比较经济效益。蓄滞洪区农户是否愿意放弃现有的生活环境，选择迁移，主要是基于经济理性的选择，只要移民后的比较收益高于蓄滞洪区，他们就会有选择迁移的倾向。

迁移是蓄滞洪区农户力图摆脱现居地洪水威胁、改善居住条件、实现更高经济收益的抉择，而迁移后的生活条件和经济状况能否改善却存在不确定性。作为永久性迁移，蓄滞洪区移民安置更多体现的是待迁农户追求经济收益最大化，以及权衡家庭综合能力禀赋之后的经济理性选择。其中，较强的就业能力与经济实力是移民的先决条件，是以经济为基础，综合考虑收入—成本和家庭能力禀赋的选择，符合经济理性逻辑[218]。所以，单纯靠迁出地与家庭生存压力的"推力"效用而做出的永久迁移决策将相对罕见。

6.2.3 社会理性对农户迁移决策的影响

社会理性是基于社会学对经济理性的修正和发展而提出的，强调人是追求自我的满足和效益最大化，并按照增加满足的方式行动。农民通常是经过综合考量各方面因素、权衡迁移的利弊性而最终做出迁移的决定，尽管经济因素至关重要，但社会生活其他方面的因素也会影响农户的迁移决策，因为在做出永久性迁移决定之前，农户必然利用身边的各种社会资源，多种渠道打探安置地的详细情况，全面掌握新环境各个方面的具体情况。

蓄滞洪区移民作为永久性的迁移决策，与临时迁移决策有所不同，它是人们追求更好生活、满足更高层次需求的决策。作为广大农村投资、经营、生产与消费等经济活动的微观行为主体[219]，农户不仅是"经济人"，更是社会"理性人"，其迁移决策更关注家庭未来的生计来源，追求生存、经济、社会三个层面综合效益的最大化，而不是盲目地追求经济利益最大化。生存理性是人的理性行为中最基础的层面，行为人在满足生存理性的前提下，才会考虑经济理性选择和社会理性选择。随着生存压力的减小，蓄滞洪区农户的永久迁移决策不再仅仅是生存理性逻辑，将更多地遵循经济理性与社会理性逻辑。其社会理性选择重点强调改变生活方式和生产方式的动机，比如通过上楼、进城、进厂等彻底脱离农业和农村，撕掉农民的标签，从而享受安置地优质的教育文化、医疗卫生等社会资源。因此，永久迁移决策实质上是追求社会效益和其他非经济效益的过程。

综上，在农户的迁移决策过程中，生存理性、经济理性和社会理性三者之间是相互补充又相互竞争的关系，共同影响着农户的迁移决策。

6.3 基于 TPB 理论的蓄滞洪区农户迁移决策行为研究

对农户迁移决策行为研究可以从两方面展开：一是从农户迁移决策行为影响因素的角度进行分析；二是利用 TPB 理论分析农户迁移决策行为过程。二者的区别在于：前者假设农户仅追求经济理性，主要涉及农户迁移行为预期收益目标的研究；后者侧重于从农户心理角度研究农户迁移行为的内在决策机理，涵盖了农户决策的全过程，并认为农户的最终行为不仅与其态度有关[220]，还与主观规范和知觉行为控制有关。前者在第 5 章已经专门做了研究，本节以 TPB 理论为基础，构建农户迁移决策行为的概念模型，运用结构方程模型实证分析农户迁移决策行为的影响因素及其作用路径，据此阐释农户迁移决策的内在行为机理。

事实上，即使是同一个村中境况相似的家庭，也不一定会做出同样的迁移决策，这中间皆会因个体因素的差异而影响家庭迁移的最终决策。归根结底，移民是农户的个体选择，是通过个体决策过程形成的。这一决策过程中的差异主要与待迁者的自身差异有关，个体心理因素的差异是移民的重要内在决定因素[221]。迁移者在迁移决策过程中的心理变化大致要经历需求、动机、态度、意愿和决策五个过程，最终落实到决策行动上。基于TPB理论的农户迁移决策行为的研究可揭示心理、社会、经济、政策等因素对农户决策行为的影响机理。

6.3.1 TPB 理论与研究假设

6.3.1.1 TPB 理论

计划行为理论（theory of planned behavior，TPB）由阿杰恩（Ajzen）提出，是社会心理学中用来解释人的意志行为的一种社会认知模型，尤其是研究非个体意志完全控制下的行为。TPB 理论为从心理学角度研究个体行为意愿及其前置影响因素提供了一个较为全面的研究框架[222]。该理论指出，意愿（willingness）是个体对某种行为发生概率的主观判定，是预测和解释行为最合适的变量，而意愿的形成受到三个内生的心理变量的影响，即态度（attitude）、主观规范（subjective norms）和知觉行为控制（perceived behavioral control）。如果个体对特定态度和主观规范越积极，且知觉行为控制越强，则其执行行为的意愿越强[223]。TPB 理论提供了一个分析认知影响行为的完整框架，包括态度、主观规范和知觉行为控制，并认为其他因素只能通过这三者来间接地影响人的行为[224]。

基于计划行为理论和相关研究经验，本书从以下几个方面研究农户迁移决策行为和迁移意愿的影响因素。

（1）态度（ATT）是指个体对执行某种行为消极或积极的评价。当主体认为采取某种行为会有好的结果，表示对该行为持积极态度，选择行为的意愿更强烈。若蓄滞洪区农户认为，选择移民能改善居住环境，增加家庭收入，那么他将对移民持积极态度，更愿意选择移民。

（2）主观规范（SN）是他人或社会组织对主体决策的影响力，指主体

第6章 蓄滞洪区农户迁移决策行为机理研究

在执行某一决策行为时所感受到的来自外界的压力。农户迁移决策中，外在压力主要来自亲朋邻里、同村人、村干部等社会网络，他们的态度对农户的迁移决策有十分重要的影响。邻居亲友们的态度是鼓励或反对、同村人的态度是肯定或否定、村委会的态度是支持或抵制，都是影响农户迁移决策的一种推力或压力。他人或社会组织对该行为越支持，主体受到的主观规范越积极，越愿意选择该行为。

（3）知觉行为控制（PBC）是主体感受到的实施特定行为的难易程度和可控能力，表示主体对决策行为预期的阻碍。该变量是在理性行为理论基础之上提出来的，是计划行为理论的创新，解释了个体对行为的意志控制会受到非意志力因素的制约，这些非意志力因素包括政策、资源、环境、风险评估等。农户移民的知觉行为控制是农户对推进或阻滞移民行为发生时的因素考量，包括家庭禀赋资源[225]、移民政策判断、移民风险承担等。其中，家庭禀赋资源表示户主对自身及家庭条件和能力的判断。本书将从户主受教育程度、家庭年收入、非农收入比重等维度解析家庭禀赋资源。

6.3.1.2 研究假设

TPB 理论对研究个体行为及其意愿具有较好的解释力[226]，已成为国外学者研究人类行为的一个重要理论。实证研究表明，TPB 理论可以诠释各种行为意向[227-232]。国内 TPB 理论的相关研究仅仅处在起步阶段[232]，一些学者运用 TPB 理论研究农户的各种行为意愿（姚增福等；甘臣林等；张董敏等；肖开红等）[233-236]。虞小强等（2011）、施国庆等（2018）分别将 TPB 理论应用于农户永久性迁移意愿和西部山区农民易地扶贫搬迁意愿影响因素的研究[237-238]。以上研究说明 TPB 理论在中国情境中也有其适用性。农户迁移决策行为是一种有计划的行为，因此，TPB 理论同样适合于对蓄滞洪区农户迁移意愿和迁移决策行为进行预测与解释。

由此，本书构建了如图 6-1 所示的农户迁移决策的假设模型，模型包括态度、主观规范、知觉行为控制、迁移意愿、迁移决策行为共 5 个潜变量。其中，态度包括户主对迁移的支持度（att1）和家庭成员对迁移的支持度（att2）2 个可测变量；主观规范包括亲朋邻里、村干部对迁移的意见共

2个可观测变量；知觉行为控制包括户主受教育程度、家庭年收入、非农收入比重、移民政策判断、移民风险预期等5个可观测变量。

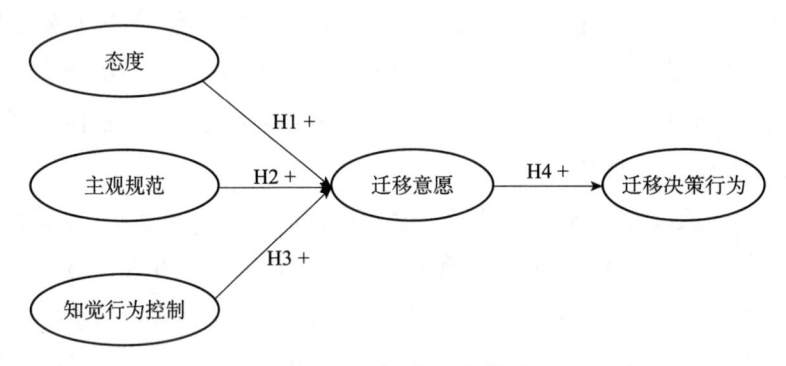

```
        态度
          \
           \ H1 +
            ↘
  主观规范 ——H2 +——→ 迁移意愿 ——H4 +——→ 迁移决策行为
            ↗
           / H3 +
          /
      知觉行为控制
```

图 6-1　研究的概念模型

基于TPB理论和已有文献，本书提出以下4个研究假设。

H1：态度对迁移意愿具有显著正向影响。

H2：主观规范对迁移意愿具有显著正向影响。

H3：知觉行为控制对迁移意愿具有显著正向影响。

H4：农户迁移意愿正向影响农户迁移决策行为。

6.3.2　模型估计方法选择

结构方程模型（structural equation modeling，SEM）是一种借助于理论进行假设检验的统计建模技术，其应用范围广，可以有效处理、检验观测变量与潜变量，以及潜变量之间的关系，又被称为因果关系模型、协方差结构模型等。SEM在社会学、经济学、管理学、心理学等学科都有广泛的应用，通过引用多个观测变量测量一个潜变量，可以有效地诠释抽象的理论概念[239]，解决了一些学科中的许多概念高度抽象性的难题。

迁移意愿和迁移决策作为心理学概念，潜在变量很难用传统方法直接和准确地测量，SEM则是一个定量化分析此类问题的工具[240-241]。SEM可以分析多因多果的联系和潜变量之间的相互关系，并可仿真模拟多因子的内在逻辑关系，是一种重要的多元数据分析手段[242]，如流动人口迁移意愿影响因素 SEM[243]、农民工市民化意愿影响因素 SEM[244]。本书运用 SEM 中的最大似然估计法（ML）检测假设理论模型中各潜变量之间的相互关系。

6.3.3 问卷设计及量表赋值

考虑到大多数调查对象学历较低，为了使调查问卷更容易理解，主观感受或评价指标量表采用李克特 5 分制进行赋值，客观数据型指标先按照实际数据记录，后同样以李克特 5 分制进行分类赋值处理，并对自变量进行了重新编码。正式调研在 2018 年 4 月进行，采取入户一对一访谈并现场填写的形式（问卷内容见附录的第五部分），将收集到的数据录入整理，并进行了信度与效度检验、验证性因子分析，最后建立 SEM。具体可测变量指标内容和取值范围见表 6-2。为降低反馈偏差，特设置了个别反向问句，对反向问句采用反向记分法。

表 6-2　　　　　　　　　　问卷内容与赋值

影响因素潜变量	可测变量	测量形式	取值范围
态度（ATT）	户主对迁移的支持度（att1）	1~5 赋分	1 分表示非常反对，5 分表示非常支持
	家庭成员对迁移的支持度（att2）	1~5 赋分	1 分表示非常反对，5 分表示非常支持
主观规范（SN）	亲朋邻里对迁移的影响（sn1）	1~5 赋分	1 分表示影响非常小，5 分表示影响非常大
	同村人对迁移的影响（sn2）	1~5 赋分	1 分表示影响非常小，5 分表示影响非常大
	村干部对迁移的影响（sn3）	1~5 赋分	1 分表示影响非常小，5 分表示影响非常大
知觉行为控制（PBC）	户主受教育程度（pbc1）	1~5 赋分	文盲 =1，小学 =2，初中 =3，高中 =4，大专及以上 =5

续表

影响因素潜变量	可测变量	测量形式	取值范围
知觉行为控制（PBC）	家庭年人均收入（万元）（pbc2）	1~5赋分	<0.3=1，0.3-0.5=2，0.5-1=3，1-1.5=4，≥1.5=5
	非农收入比重（pbc3）	1~5赋分	<10%=1，10%-40%=2，40%-60%=3，60%-80%=4，≥80%=5
	移民政策判断（pbc4）	1~5赋分	1分表示政策非常差，5分表示政策非常好
	移民风险承担（pbc5）	1~5赋分	1分表示完全无法承担，5分表示完全可以承担
迁移意愿（MW）	移民是我所盼望的（mw1）	1~5赋分	1分表示非常不同意，5分表示非常同意
	移民符合全家的意愿（mw2）	1~5赋分	1分表示非常不同意，5分表示非常同意
	*我暂时没有移民的想法（mw3）	1~5赋分	1分表示非常不同意，5分表示非常同意
迁移决策行为（MDB）	正在做移民的准备（mdb1）	1~5赋分	1分表示非常不同意，5分表示非常同意
	我会移民（mdb2）	1~5赋分	1分表示非常不同意，5分表示非常同意

注：标*的可测变量是反向问句，采用反向计分法。

6.3.4 模型检验及实证结果分析

6.3.4.1 问卷的信度、效度检验及探索性因子分析（EFA）

信度是检验问卷设计是否合理的指标，旨在描述研究数据的可靠性。

采用 Cronbach's α 系数测量问卷的信度，本书各总量表的 Cronbach's α 值为 0.741，大于 0.7，表明问卷具有较好的内部一致性[①]，见表 6-3，表明测量量表具有较好的信度。

表 6-3　　　　　　　　剔除无效变量后量表信度与效度判别值

变量	KMO	显著性检验	Cronbach's α
态度	0.831	0.000	0.806
主观规范	0.768	0.000	0.772
知觉行为控制	0.732	0.000	0.691
迁移意愿	0.747	0.000	0.819
迁移决策行为	0.643	0.000	0.736

效度是指测量工具准确测出所需测量内容的程度。在效度分析之前，先对 15 个测量题项进行因子分析，采用最大方差法对 15 个指标进行因子旋转分析，剔除因子载荷系数低于 0.5 的 3 个指标，分别是同村人对迁移的影响（sn2）、移民风险承担（pbc5）和移民符合全家的意愿（mw2）。然后，运用 Spss 对剩余的 12 个变量进行探索性因子分析（EFA）。首先是 KMO 和 Bartlett 检验，KMO 检验值为 0.853，Bartlett 球形度检验 P = 0.000 < 0.001，综合两个指标，说明变量之间存在相关性，适合进行因子分析。

6.3.4.2　验证性因子分析（CFA）与拟合评价

利用 Amos17.0 软件进行验证性因子分析（CFA），模型整体适配度的检验结果见表 6-4。本书按照国际上的惯例，采用 GFI、AGFI、NFI、RFI、PGFI、RMR 和 χ^2/df 共 7 个指标来评价研究模式。相对拟合指标（RFI）为 0.891，达到可接受水平，残差均方根（RMR）为 0.058，达到 0.05 ~ 0.08 的合理拟合标准。其余的 5 个指标，包括卡方自由度比（χ^2/df = 1.943）、拟合优度指数（GFI）、调整后的拟合优度指数（AGFI）、规范拟合指数（NFI）和简约拟合指数（PGFI）均达到模型可接受标准，表明本书提出的

[①]　当 Cronbach's Alpha 系数值大于等于 0.7 时是高信度，0.35 ~ 0.7 和小于 0.35 时分别是一般信度和低信度（荣泰生，2009）。

理论模型具有良好的拟合度，构建模型得到了支持。

表 6-4　　SEM 整体适配度评价标准及拟合结果

统计检验量	含义	实际拟合值	标准	拟合结果
$\chi^2/df=1.943$	卡方自由度比	1.943	<2	理想
GFI	拟合优度指数	0.946	>0.9	理想
AGFI	调整后的拟合优度指数	0.943	>0.9	理想
NFI	规范拟合指数	0.921	>0.9	理想
RFI	相对拟合指标	0.891	>0.9	可接受
PGFI	简约拟合指数	0.572	>0.5	理想
RMR	残差均方根	0.058	<0.05	可接受

6.3.4.3　假设检验

根据研究模型，Amos17.0 软件运行后得到估计结果如图 6-2 所示，标准化系数没有超过或者接近 1 的，方差的估计值没有出现负数，全部方差的估计值均达到 0.01 的显著水平，说明该模型符合基本拟合标准。另外，模型的所有可测变量与其对应的潜在变量间的系数均达到 0.01 显著水平，说明该模型各可测变量能充分反映其对应潜变量的情况。

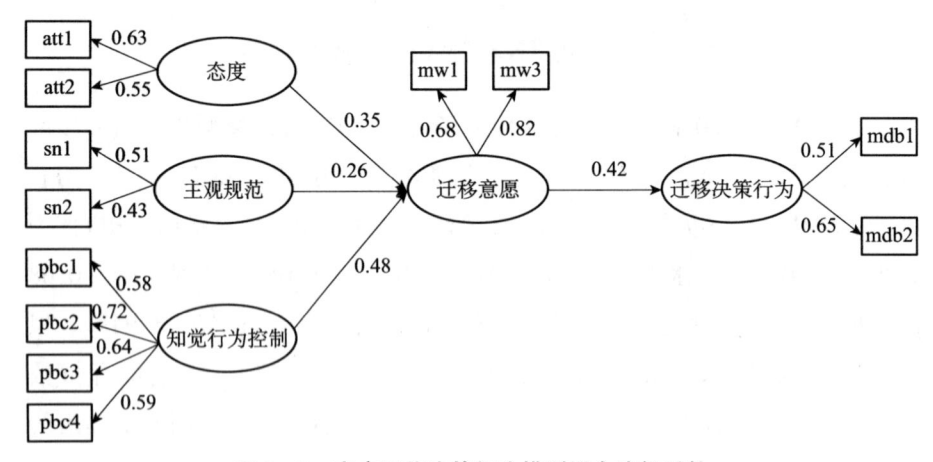

图 6-2　农户迁移决策行为模型拟合路径系数

表 6-5 给出了假设模型的标准化路径系数，所有路径系数均通过了显

第6章 蓄滞洪区农户迁移决策行为机理研究

著性检验，与模型的假设相符。

表6-5 结构方程路径系数与假设检验

回归路径	标准化路径系数	对应假设	结论
态度（ATT）→迁移意愿（MW）	0.357***	H1	支持
主观规范（SN）→迁移意愿（MW）	0.269***	H2	支持
知觉行为控制（PBC）→迁移意愿（MW）	0.486***	H3	支持
迁移意愿（MW）→迁移决策行为（MDB）	0.427***	H4	支持

注：***表示在1%的统计水平上显著。

由表6-5可知，农户迁移态度对迁移意愿的作用系数为0.357，且达到1%的显著水平，这说明态度对迁移意愿具有显著正向影响，H1得到验证；主观规范对迁移意愿的作用系数为0.269，且达到1%的显著水平，这说明主观规范对迁移意愿具有显著正向影响，H2得到验证；知觉行为控制对迁移意愿的作用系数为0.486，且达到1%的显著水平，这说明知觉行为控制对迁移意愿具有显著正向影响，H3得到验证；农户迁移意愿对农户迁移决策行为的作用系数为0.427，且达到1%的显著水平，这说明农户迁移意愿对农户迁移决策行为具有显著正向影响，H4得到验证。

值得说明的是，在影响农户迁移意愿的潜变量中，知觉行为控制的影响系数最大。由图6-2可知，户主受教育程度（pbc1）、家庭年人均收入（pbc2）、非农收入比重（pbc3）和移民政策判断（pbc4）对农户的知觉行为控制起到显著作用，并通过知觉行为控制显著作用于迁移意愿，进而作用于迁移决策行为。其中，户主受教育程度（pbc1）、家庭年人均收入（pbc2）、非农收入比重（pbc3）是3个表示家庭禀赋资源的可测变量。家庭禀赋是指家庭成员及整个家庭拥有的资源和能力，包括家庭的人力资本、经济资本、社会资本等，它对家庭成员的生存和发展，以及行为决策具有重要影响（孔祥智等，2004；石智雷等，2012；乐章等2016）[245-247]，代表着户主对自身及家庭迁移条件和能力的判断，这里涉及一个概念"农户的迁移能力"。事实上，蓄滞洪区农户迁移的实现至少需要两个条件，一是具有迁移意愿，二是具有迁移能力。蓄滞洪区移民是农户在特定条件下离开蓄滞洪区、主动搬迁的行为过程，它强调的是农户的自主决策，但农户的自主决策是建立在对自己所拥有的各种资本的综合考虑之上。部分农户空有迁移意愿，但缺乏必要的迁移能力，如现有的经济能力不足以承担在安置地建房的费用，人力资本低，谋生就业能力不足，就难做出迁移决策。反之，迁移能力强的人更倾向于选择移民。所以，迁移行为能否发生，迁移能力的影响很大，包括家庭的经济能力和谋生与就业能力等。迁移能力较强的人比较容易决定迁移，反之，则对迁移犹豫不决。

意愿是决策行为响应的前提，研究农户迁移意愿的影响因素对促进农户的迁移决策行为具有十分重要的意义。本节借助 TPB 理论，建立了蓄滞洪区农户迁移决策行为机理模型，从农户的迁移态度、主观规范和知觉行为控制三个维度分析对其迁移意愿的影响，并采用 SEM 对城西湖蓄洪区的 268 个调查样本进行定量分析。研究表明，农户迁移决策行为的形成过程遵循"意愿→行为"这一路径，其中，知觉行为控制是农户迁移意愿和迁移决策的关键影响因素，态度和主观规范是有效影响因素。证实了户主对迁移的支持度、亲朋邻里对迁移的影响、户主受教育程度、家庭年人均收入、非农收入比重、移民政策判断等因素对农户迁移意愿与迁移决策行为的显著影响，而且进一步阐释了上述影响因素对农户迁移意愿与迁移决策行为的作用路径。

6.4 蓄滞洪区农户迁移决策过程模型

本节将专门分析蓄滞洪区农户迁移的决策过程，提出一个农户迁移决策过程的理论模型，以期加深对农户迁移决策行为的基本特点和规律的理解。

6.4.1 决策过程模型概述

6.4.1.1 决策过程的动态模型

组织理论创始人切斯特·巴纳德（Chester I. Barnard）最早提出决策过

程的概念，指出了环境对于决策的重要性[248]。决策过程是一个动态性概念，最初由巴纳德提出，决策过程强调客观环境对组织决策的动态影响，其中战略因素尤其重要，决策的职能之一就是调节目的和环境之间的关系并使之相互适应，而且决策的过程永不终止。但他关注的只是决策过程中目的与环境的交互作用，而不是决策过程本身是如何完成的（如图6-3所示）。

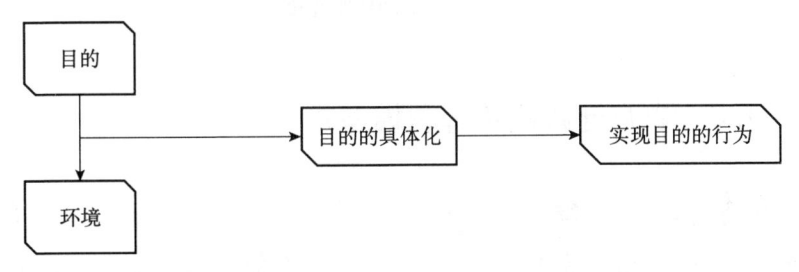

图6-3 决策过程：使目的和环境相互反应的过程

资料来源：根据切斯特·巴纳德的《经理人员的职能》一书整理。

这个概念对决策过程的动态化做了准确的描述，但把这一概念具体化、使之具有操作性的人是西蒙。巴纳德关于决策过程的理论将关注点放在了决策过程的组织特性上，从而疏忽了决策过程的个人特性，比较抽象，不易将其应用于管理实践。但巴纳德开创了决策过程的理论研究，之后，西蒙将决策理论发展成为完善的理论体系。

6.4.1.2 决策的四阶段模型

西蒙将决策分为四个活动阶段：（1）情报活动（intelligence activity），收集和分析组织环境中的各种情报和信息，提出需要决策的问题和目标，确定决策情景；（2）设计活动（design activity），在确定目标的基础上，依据所搜集到的信息，分析、编制可供采用的行动方案；（3）选择活动（choice activity），综合衡量各个信息的重要程度和准确度，并结合信息来源的可靠度，进行简单的排序，然后依据一定的规则、通过一系列的认知活动整合信息，从众多方案中选择一个最优方案，以便采取行动，实现预期的目标；（4）评价活动（assessment activity），对前期活动的审查和评价，便于补充和修正方案,使其趋于合理,选择一个较为满意的方案,确定并进行决策。西蒙进一步指出,一般决策过程按照情报活动、设计活动、选择活动、评价活动的顺序进行,而且决策过程的每一个阶段本身又是一个复杂的决策过程[249]。决策的四阶段模型,如图6-4所示。

情报活动 → 决策设计 → 选择活动 → 评价活动

图6-4 决策的四阶段模型

6.4.2 农户迁移决策过程模型建立

美国管理学家、决策管理大师赫伯特·西蒙(Herbert A. Simon)认为,"决策不仅仅是从几个备择方案中选定一个方案的行动,而是一个过程",并认为,决策是对方案进行评估和选择的过程。迁移决策可以分为两个阶段,一是是否迁移的决策,二是定居地的选择,且工资和搬迁成本是决定是否迁移阶段的最重要因素[250]。同理,农户迁移决策过程本质上也可分为两个阶段:第一个阶段的决策是走还是留的决策,即农户根据自家面临的蓄洪压力、家庭特征以及政策认知等因素决定是否迁移,这是最大的决策事项;第二个阶段的决策是选择何种形式的迁移安置方式,是选择农村还是城市?哪些农村?哪些城市?是就近安置在保庄圩、庄台,还是进城购买商品房?决策归根结底就是一种选择,蓄滞洪区农户迁移决策就是农户选择移民或选择不移民。

20世纪60年代,沃尔波特(Wolpert)从决策学和行为科学的双重视角研究人口迁移,提出了人口迁移决策理论,认为人口迁移是一个由待迁者在充分比较现居地和迁入地的地点效用后,决定是否迁移的决策过程。在决策时,潜在移民并不是盲目地追求最大的地点效用,而是要根据现实情况来不断地调整自己的迁移行为。布朗(Brown)和摩尔(Moore)继承并发展了人口迁移决策理论,指出迁移是人应对压力的措施,由于自身或外在的压力,当原住地的地点效用减少到某一阈值时,潜在移民就会考虑迁移,但是考虑迁移不代表就一定迁移,因为压力的大小可能会不断地发生

第6章　蓄滞洪区农户迁移决策行为机理研究

变化，变得可以接受，这种情况下人们会选择留在原地。

根据布朗和摩尔提出的人口迁移决策模型，可以认为，蓄滞洪区农户迁移决策的形成取决于环境压力、政府支持力、搬迁阻力和农户预期。这里的环境压力既包括由蓄洪带来的生态环境恶化、水土流失、洪涝灾害、耕地面积不足等自然环境的因素，也包括经济发展落后、基础设施薄弱、医疗教育等公共配套设施落后等人居环境的因素。若蓄滞洪区运用概率高，洪水威胁程度大，则环境压力就大；反之，环境压力就小。蓄滞洪区自然生态环境恶劣，政府每年都会编制防汛抗旱应急预案，区内居民年年处于洪水威胁之中，农作物损毁、房屋被淹、生活环境恶劣，生活水平低于非区内居民，环境成为移民的重要推力。当然，对于居住的环境压力，不同主体的感知不同，因此不同农户感受到的来自迁出地的推力不同。

政府支持力是指为促进居民迁建工程的顺利进行，政府科学规划出具有人口承载能力和经济发展潜力的移民安置地，投入资金进行较为完善的安置地基础设施建设，并通过发放移民补助金、实施政策优惠等一系列措施来吸引农户积极进行移民搬迁。政府支持力是农户移民的重要拉力。

搬迁阻力主要来自搬迁成本、移民后的生计来源及农户现有的新建住房和耕地。搬迁成本主要指在安置地新建住房的成本或是城镇购房费用。蓄滞洪区经济条件落后，农户以农为生，靠天吃饭，家庭原始积累少。加上现有的移民补助标准太低，与农户的心理预期相差甚远，造成搬迁成本高而经济能力不足，搬不起是农户面临的最大障碍。农户搬迁到安置地后，耕种距离成了问题，一些耕种距离较远的农户，就会将土地出租或是转给亲友，放弃农业生产，此时，移民后农户的生计来源成为制约搬迁的阻力。如果农户现在的住宅是造价不菲的新建楼房，也是农户迁移的一大阻力。

最后，在充分了解移民政策及安置地条件的基础上，农户形成对于迁移后安置地生活环境、生产条件等的预期，包括远离洪水威胁的安全的生活环境、便利的交通、完善的基础设施、良好的教学和医疗卫生条件、较多的就业机会等。由此，构建蓄滞洪区农户迁移决策过程模型，如图6-5所示。

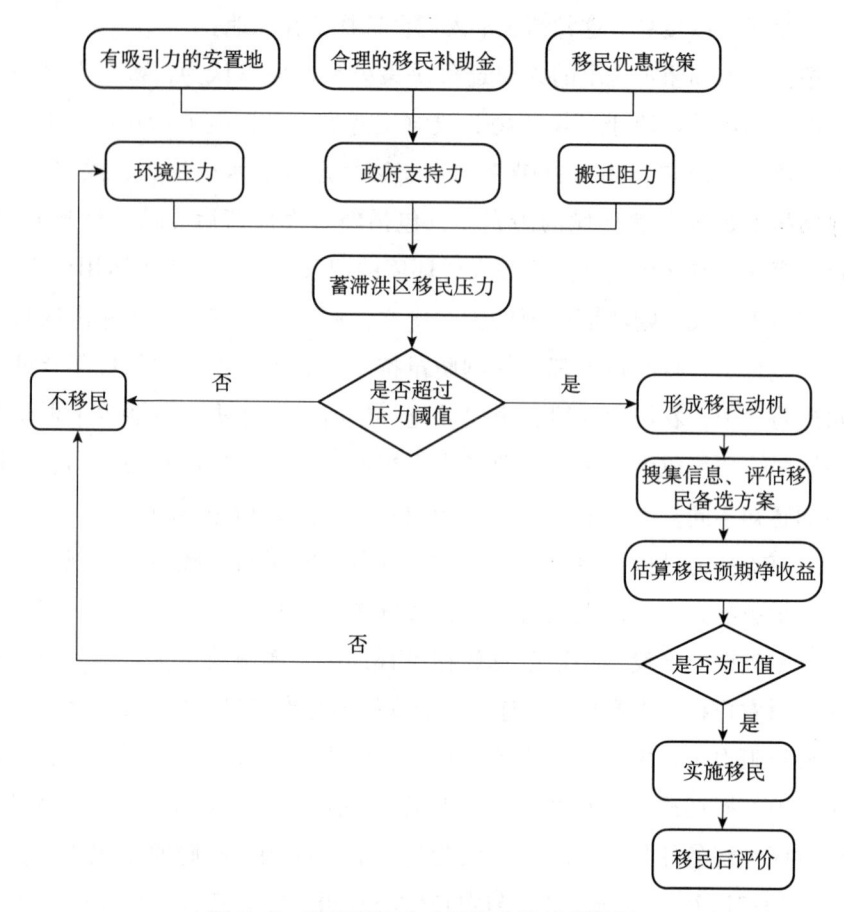

图6-5 蓄滞洪区农户迁移决策过程模型

资料来源：根据刘易斯（Lewis，1982）整理。

由图6-5可知，蓄滞洪区农户迁移决策过程共有两个决策点：在决策点一，蓄滞洪区移民压力是否超过压力阈值，是农户迁移决策的关键点。只有当蓄滞洪区移民压力大于压力阈值时，农户才会做出移民的决策，反之，则不移民。在决策点二，移民预期净收益是否为正，是蓄滞洪区农户最终能否做出迁移决策的最为重要的关键点。农户是否迁移的关键在于比较迁移后的净收益。舒尔茨（Schultz）提出的人口迁移成本收益理论，认为只有当迁移的预期收益高于迁移成本时，人们才会做出迁移的决策。蓄滞洪区农户移民后获得的预期净收益，将直接左右农户的迁移决策行为。

6.4.3 农户迁移决策过程与心态分析

根据农户迁移决策过程图,可以将蓄滞洪区农户迁移的决策过程分为5个阶段,结合农户在各个阶段的决策心态分析如下。

6.4.3.1 蓄滞洪区移民压力形成阶段

移民压力形成阶段,即迁移需要产生阶段。蓄滞洪区移民压力是否超过压力阈值,是农户移民的第一个决策关键点。根据人口迁移的推—拉理论,蓄滞洪区移民的形成主要受迁出地的推力和迁入地的拉力及中间阻力的影响[251]。蓄滞洪区自然环境恶劣,政府每年都会编制防汛抗旱应急预案,区内居民年年处于洪水威胁之中。由环境压力带来的自然环境的恶劣和人居环境的落后,成为蓄滞洪区农户移民的强大推力。有吸引力的安置地、合理的移民补助金和各种移民优惠政策是政府支持力的体现。迁移成本、移民后的生计来源问题、现有住房、耕地、耕种距离,以及农户的安土重迁情结,构成了迁出地农户移民搬迁的阻力。假如用 P 表示环境压力,F 表示政府支持力,Z 表示搬迁阻力,MP 表示蓄滞洪区移民压力,那么 $MP = P + F - Z$。当负面环境压力超过压力阈值时(个体不同压力阈值不同),人们就会采取措施进行迁移[252]。当 MP 小于压力阈值时,农户不会做出移民的决策,反之,当 MP 超过压力阈值时,农户才有可能做出移民的决策。

在这一阶段,调研发现,绝大多数农户都有移民的想法,希望彻底离开这个每年都担惊受怕的地方,区内农户有积极的迁移态度和较高的迁移意愿。

6.4.3.2 迁移动机形成阶段

动机源自人们的心理活动,它支配人们的行为,行为意愿是其内在形式的一种表现,而行为过程是其外在形式的表现。行为就是人类为了实现某种目的,在受到某种动机的诱导下而产生的活动。当移民压力超过阈值时，移民动机形成。由第3章的分析可知，蓄滞洪区农户迁移动力实质上是迁出地的推力、安置地的拉力、政府的支持力以及农户内在动机的融合体。由于国家对蓄滞洪区一直采取限制性发展的政策，导致蓄滞洪区在经济发展、收入水平、社保待遇、居住环境、生活水平、教育医疗等方面与周边地区之间的差距越来越大，促使蓄滞洪区农户产生更加强烈的搬迁动机。也有部分农户生活惯性较大，所需推力较大，移民压力低于其阈值，移民动机无法形成，则其迁移决策过程中断，会退回到蓄滞洪区移民压力阶段。

在这一阶段，农户迁移的想法不再坚定，由于对移民工程前景的认知不同，加上有些农户长期对基层政府的不信任，部分农户的迁移态度不再积极，迁移意愿开始下降，部分农户会采取忧疑观望态度，难以下定决心移民。

6.4.3.3 估算移民预期收益阶段

迁移动机形成的潜在移民者开始搜集相关信息，详细了解移民政策及安置地的具体情况，对安置地的生活、生产情况与目前居住地的生活、生产条件进行对比，加上移民能享受的政府补助和其他优惠政策，预期移民后的生产和生活，初步确立由移民带来的预期收益和移民所需要的搬迁成本，由此估算移民预期净收益。舒尔茨的人力资本理论认为，人口迁移的终极目的是家庭收益的最大化和风险最小化。假设移民户获得的来自政府的货币补贴是 S；农户当前最大化行为所产生的收益是 P；农户因移民产生的实物资本的损失是 L，主要包括失去青苗、失去土地、失去宅基地的风险；农户移民搬迁成本是 C，包括新建住房所需的货币成本、时间成本、体力成本和精力成本等；农户移民后获得的预期收益是 E。假设蓄滞洪区农户移民后获得的预期净收益是 V，那么 $V = E + S - P - L - C$，只有当 $V > 0$ 时，农户才可能做出移民的决策，并且 V 值越大，农户越会选择移民；而当 $V < 0$ 时，农户基本不会选择移民，假如移民了，那返迁的概率也很大。可见，移民预期净收益是否为正，是蓄滞洪区农户最终能否做出移民决策的最重要的决策点。当达到或超过其移民预期净收益时，则实施移民，反之，就不移民。从个人角度看，是否迁移的关键在于潜在移民对付出与回报的估量，如果迁移后的预期收益显著高于迁移的代价，迁移行为就会发生[253]。

在这一阶段，农户移民的想法开始分化，部分对移民工程前景有较好认知，且自家移民后的预期净收益大于零的农户，继续持有比较乐观和积极的移民态度，迁移意愿较高；反之，部分农户不看好移民工程，且自家移民后的预期净收益小于零的农户，迁移态度会变的消极，迁移意愿降低。

6.4.3.4 决策实施阶段

从产生决策问题到做出决策方案是一个复杂的过程。人口迁移的过程理论认为，人们从最初渴望迁移到最终执行迁移是个持久和复杂的过程[254]。通过以上几个阶段，待迁农户掌握了足够的信息支持其迁移，因为安置地可以提供更高的地点效用，决定实施迁移；或者待迁农户掌握了足够的信息不支持其迁移。这时部分潜在移民成为真正移民，实现角色的转换，开始努力适应和融入安置地的新生活。

决策实施阶段是真正的移民行为发生阶段，前面的三个阶段都只是待迁移民的心理活动。本阶段决定移民的农户大致可以分为三类人：一是少数有远见、有冒险精神的人；二是近期有建房需求或有进城镇购买商品房打算的农户，会主动选择移民；三是建档立卡的贫困户。根据2018年9月出台的《安徽省淮河行蓄洪区居民迁建资金筹措方案》，对于2020年前建档立卡贫困户迁建资金，省以上资金补助提高到11.36万元/户，建档立卡贫困户会成为首批选择移民的主力。

在这个阶段，农户的心态比较复杂，对未来的生活状态是既有憧憬又有担忧，但总体上对移民保有积极乐观的心态。

6.4.3.5 移民后评价

这是决策反馈阶段，是一个完整决策过程的最后阶段，这个阶段的检测意义重大。因为在移民实施过程中有可能失败，到安置地后移民发现安置地和自己预期不一致，比如安置地的基础设施不健全，生活、生产不方便，政府的某些政策优惠由于各种原因不能落实，资金补助不能完全兑现等，这些情况将有可能导致移民失败，部分移民开始返迁，给尚未搬迁农户带来严重不良影响，给国家财政造成不必要的损失，影响到国家移民工作的顺利实施。因此，政府应严格落实各项移民政策，确保移民补助资金按时足额发放，完善安置地基础设施及其周边环境，尽量使安置地的情况高于移民的预期，从而避免或减少移民返迁现象。

本阶段移民呈现出多样化的心态，参与移民的农户会切身感受到移民过程中的损益。此时，不同的农户类型将因移民损益差异而呈现出不同的心态。有因移民获益而感到满足的农户，有因移民受损而不满的农户，也会有因移民后的生计来源问题而忧心忡忡的农户。

6.5 小　结

本章进一步分析农户的迁移决策模式、决策机理，并提出农户迁移决策过程理论模型，以期更好地把握蓄滞洪区农户迁移决策行为的基本特点和规律。

首先，总结了农户迁移决策行为的两种模式：自主理性决策模式和从众决策模式。运用社会学理性选择理论分析农户迁移决策的理性逻辑，发现在农户的迁移决策过程中，生存理性、经济理性和社会理性三者之间是相互补充又相互竞争的关系，共同影响着农户的迁移决策。

其次，基于TPB理论分析框架，采用SEM对城西湖蓄洪区的268个调查样本进行定量分析，为蓄滞洪区农户迁移决策行为机理提供科学解释。研究表明，农户迁移决策行为的形成过程遵循"意愿→行为"这一路径，其中，知觉行为控制是农户迁移意愿和迁移决策的关键影响因素，态度和主观规范是有效影响因素。

最后，构建了蓄滞洪区农户迁移决策过程的理论模型，提出农户迁移决策过程共有两个决策点：移民压力是否超过压力阈值和移民预期净收益是否为正。提出了蓄滞洪区农户迁移决策过程的理论模型，总结分析了农户迁移决策过程的5个阶段：移民压力形成阶段、迁移动机形成阶段、估算移民预期收益阶段、决策实施阶段、移民后评价，并分析了各阶段的农户心态。

第7章 激励蓄滞洪区农户迁移的机制设计

本章主要回答"如何激励农户自愿迁移"的问题。美国学者西奥多·舒尔茨指出,"一旦有了恰当的激励,农民就会点铁成金"。迁移动机不强,一定程度上是因为激励不够。因此,本章侧重于从"如何促进或激励农户自愿迁移"的角度来开展研究。利益既是人类行为的出发点,也是最终的目的所在。由于在经济社会里资源具有稀缺性,致使经济主体间的行为相互影响、相互冲突,个人最大化地实现自己利益的行为却成为他人利益最大化的约束条件[255]。蓄滞洪区农户的整体迁移意愿不高,需要一定的激励政策来提升;同时,地方政府缺少实施移民工作的热情,需要一定的机制来激励。

本章从蓄滞洪区移民中的主要利益主体——地方政府和农户入手,分析二者的利益目标和行动逻辑,运用博弈理论构建地方政府与农户的利益博弈模型,并对博弈均衡进行分析。基于博弈分析结果,围绕移民的对象——农户和责任主体——地方政府,探讨移民激励机制构建的路径,从两个方面分别设计蓄滞洪区农户迁移的激励机制和地方政府移民的激励机制,结合调研区域的实际情况,提出蓄滞洪区移民的具体实施建议。

7.1 蓄滞洪区移民中的利益相关者

7.1.1 主要利益相关者分析

蓄滞洪区移民是包括中央政府、各级地方政府、待迁农户等多主体的联合行动过程，移民迁建工程涉及移民搬迁、土地置换等，还波及周边地区居民的生产生活，利益涉及面广、社会环境复杂。其中，最核心的利益主体是中央政府、地方政府和农户，三方的关系、责任、利益需求等各不相同。蓄滞洪区农户迁移的决策本质上可归结为一个博弈问题，在市场经济环境中，根据各自不同的利益诉求，作为理性经济人的利益主体会进行反复比较并做出抉择。

中央政府作为蓄滞洪区移民搬迁的统筹主体，其行为主要是统筹全局和移民政策的制定，包括制定移民纲要、制作移民实施总则、划拨专项资金和划定总指标等。地方政府作为移民搬迁的实施主体，负责移民的监督、管理和协调以及移民搬迁安置的具体实施，包括组织设立移民搬迁专门机构、制定移民搬迁规划和实施细则、向上级申请指标及专项资金等。农户是蓄滞洪区移民安置的对象，其行为主要是积极实施移民，积极响应政府的移民政策，农户需要放弃现有的住房，有些还要放弃土地，在政府规定的安置地重建家园或自行安置。

如何在确保农户权益的前提下，有效协调农户、地方政府和中央政府三者之间的利益博弈关系，是蓄滞洪区移民中必须回答的深层次问题。因此，正确认识三者的利益博弈关系是顺利实施移民的必要条件，应从和谐博弈的角度调整各方行为，以实现各利益主体相对一致的移民迁建目标和发展战略[256]。

7.1.2 中央政府的利益目标与行为取向

政府是国家权力的执行机关，政府可分为两类：中央政府和地方政府。前者负责全国范围内行政事务的治理，后者负责地方行政事务的治理，并受前者的管理。中央政府、地方政府、农户三者的利益诉求各不相同，中央政府是公共利益的代表，期望通过移民迁建工程的实施，以最小的财政支出实现最优的生态目标，期望取得生态效益和防洪效益，其终极目标是实现整个社会福利的最大化，造福人民，力图实现国家利益、社会利益、人民利益及生态环境等各方面的协调。

在2003年之前，中央政府主要是通过修建撤退道路和联合调度的方式，蓄洪前紧急撤退转移区内居民。2003年之后，中央政府的态度明确，开始采取移民的方式，将区内不安全居民迁移出去，限制蓄滞洪区的发展，以减少蓄洪时的损失。

7.1.3 地方政府的利益目标与行动逻辑

地方政府希望中央能加大财政转移支付，提高中央预算内投资，提高移民补助标准，考虑更多的是经济利益。地方政府希望依据中央政府的移民政策成功地促使农户主动移民，以提高地方政府的绩效。并通过老房拆除、宅基地整理复垦等方式，获取城镇建设用地指标，拓展城镇化的发展空间，推动城乡融合发展，最终实现带动地方经济增长的目标。地方政府在蓄滞洪区移民中所支付的成本包括对移民户的配套补偿及其他成本。

蓄滞洪区移民的具体执行者是基层地方政府，所以处理好基层地方政府与农民的关系是移民顺利实施的关键。本书将研究重点放在地方政府层面，本书所指的地方政府是包括农村乡、镇、县、市级政府。基层政府的行动逻辑更多的是"对上"的行动逻辑，乡、镇政府对于上级的需求适应度高，表现出显著的"政绩导向"。乡、镇政府是负责执行县政府政策的主体，同时也要接受县政府的监督。在规定时限内完成项目要求，体现了乡、镇政府领导班子的行政能力与效率。"对下"乡、镇政府深谙农民的行动逻辑，了解他们合作或抵制的原因。农民的合作主要是出于他们自身利益的考量，抵制则是想获得更多的实际利益，以及对乡、镇政府政策执行的不信任。尽管部分农户存在抵制行为，但由于政府拥有强大的行政权力及各种资源，乡、镇政府也基本能够按照进程推动移民项目的进行。

7.1.4 农户的利益目标与行动逻辑

对于移民的安置对象——农户，移民不仅与其自身利益相关，还与家庭未来的生计息息相关。农户的利益目标是期望通过移民改善生活和生产条件，追求最大化的收益和可持续的生计来源，而这和移民后的补助多少及搬迁成本有关。农户期望移民后能得到一个符合自身合理需求的较为满意的补偿，移民后最低要求是居住条件和生活水平不下降。具体来说，移民后的居住环境和生活条件要更好，家庭成员的社保、子女教育等问题得到妥善安排，能够享受到和城镇居民相同的公共资源和福利；而农户在移民中所付出的成本包括住房及附属建筑物的损失、迁移成本、宅基地的使用权，以及其他隐形成本，部分农户会失去土地。农户会担心在移民过程中政府给予的补偿不能满足自己的需求；担心生活变得不方便，生活水平可能会下降，希望得到合理公平的补偿；担心搬离现居地、远离耕地后所得的补偿，比继续待在蓄滞洪区里耕种的收益更低；还会担心政府执行移民政策时的标准不一，造成心理上的不公平感[257]。

在迁移过程中，农户为了搬离蓄滞洪区，需要与地方政府合作，得到地方政府的配套资金和配套措施的支持；另外，因为长期形成的对基层政府的不信任，以及信息滞后性等，农户也会本能地采取一些对抗性策略以图获取更多的利益保障，比如争取尽可能高的移民补助金，争取补助金及时到位，争取有关低保、小额金融贷款、子女入学、就业安排等移民优惠政策。同时，为确保农户权益不受侵害，中央和地方政府都强调，蓄滞洪区移民充分应尊重农户意愿，这实际上赋予了农户移民谈判权，使农户具有和地方政府在移民上讨价还价的"资本"[258]。尽管如此，地方政府依然在移民过程中处于优势地位，而农户则基本上处于劣势地位。

7.2 农户与地方政府之间的利益博弈

7.2.1 农户与地方政府的利益博弈分析

博弈论是研究理性个体之间的冲突和合作的学科，即决策主体为实现自身利益的最大化而进行的均衡选择决策[259]。蓄滞洪区农户迁移的决策本质上就是一个博弈问题。刘冬梅的《农村反贫困中的三方博弈》分析了我国农村反贫困中国家、地方政府和农民的三方博弈[260]。张小明在其博士论文《西部地区生态移民研究》中,分析了国家、地方政府、农民在生态移民中的利益博弈[261]。本节借用以上学者的方式,运用博弈论对蓄滞洪区移民中地方政府、农户在移民过程中的利益取向进行分析,为下一步构建蓄滞洪区移民的激励机制奠定基础。

通过上一节的分析可知,地方政府和农户都会追求各自利益的最大化。实际操作过程中,必然引致政府与移民之间的利益博弈。农户与该村所在乡、镇政府之间围绕是否搬迁、搬到哪里、搬迁时间及移民补偿等问题进行博弈。在这场移民博弈中,政府是移民资源的掌控者,也是移民的主导者、规划者和推动者,待迁农户基本属于迁移的被动执行者。按道理,双方有着潜在的利益共识,但是由于信息不对称,农户处于相对劣势地位[261]。而农户与地方政府之间博弈的焦点是蓄滞洪区移民迁建政策中农户所能获得的补偿问题。

鉴于此,结合上一节的分析,本节运用博弈理论,分析地方政府和农户在蓄滞洪区移民迁建中的利益博弈行为,提出假设条件,将地方政府的宏观策略选择定为实施移民政策或不实施移民政策(维持现状),农户的策略选择定为移民或不移民。由此构建地方政府和农户的利益博弈模型,并对二者的博弈均衡进行分析,以期为合理制定蓄滞洪区移民激励政策提供参考。

7.2.2　农户与地方政府的博弈模型构建

7.2.2.1　博弈构成要素

博弈论模型 $G = \{P, S, I, U\}$,其中:P 为博弈方,$P = P_i$ ($i=1, 2$);P_1 为农户,P_2 为当地政府,S 为策略组合,I 为博弈方决策所依据的信息,U 为博弈方获得的利益。$U = U_i$ ($i=1, 2$),U_1 为农户获得的利益,U_2 为地

方政府获得的利益。

农户与地方政府形成的策略集合为：

$$S = \begin{bmatrix} S_{11} & S_{21} \\ S_{12} & S_{22} \end{bmatrix}$$

其中，S_{ik} 为第 i 个博弈方所做出的第 k 个策略，S_{11} 为农户移民，S_{12} 为农户不移民，S_{21} 为地方政府实施移民政策，S_{22} 为地方政府不实施移民政策[262]。

7.2.2.2 基本假设

为构建农户与地方政府的博弈模型，做出以下基本假设。

假设1：地方政府希望获得的收益，首先是避免了蓄洪后紧急撤退转移的巨大损失，其次是由移民带来的蓄滞洪区生态环境的改善和贫困问题的减轻。为支持农户移民，地方政府会给予农户建房货币补贴、配套优惠政策等综合支持措施。

假设2：在蓄滞洪区移民中，地方政府和农户两者之间虽然信息不对等，但却有同样的目的，都会根据移民付出的成本和移民所获得的收益进行综合分析，追求各自利益的最大化。

假设3：地方政府最大限度地执行国家政策，农户自愿移民并且农户的选择权得到最大限度的尊重，迁移与否的选择权不受其他因素的约束。

假设4：在博弈中，地方政府和农户双方信息资源不对称。地方政府是地方权力的拥有者，可以收集并处理各类资源和信息，制定和实施满足自身利益的具体的移民政策措施。农户不擅长搜集处理信息、资源，处于被动地位。

假设5：地方政府和农户为非合作型，双方事先都不知道对方的策略。

7.2.3 农户与地方政府的博弈均衡分析

7.2.3.1 地方政府和农户的博弈策略

农户与地方政府之间博弈的焦点是蓄滞洪区移民迁建政策中农户所能

第7章 激励蓄滞洪区农户迁移的机制设计

获得的补偿问题,构建地方政府与农户的利益博弈矩阵(见表7-1)。

表7-1 　　　　　　　地方政府与农户的利益博弈矩阵

博弈方		地方政府（M_2）	
		S_{21}（实施移民政策）	S_{22}（不实施移民政策）
农户（M_1）	S_{11}（移民）	Ⅰ（$V_1 + R_1 - C_1 - C_2$, $R - V_1$）	Ⅲ（R_3, 0）
	S_{12}（不移民）	Ⅱ（$R_2 - C_4$, $-C_3 - C_5$）	Ⅳ（$R_2 - C_4$, $-C_3$）

地方政府与农户二维主体之间博弈方的得益情况如下所示。

(1) $S = (S_{11}, S_{21})$,即地方政府实施移民政策,并且农户对移民补助标准无异议,农户选择移民,将其视为策略Ⅰ。蓄滞洪区移民是一个长期的过程,当地政府实施移民的最大效用是实现当地民生的提升和地方未来发展的潜力,而不是用简单的投资回报率来衡量。假设地方政府在移民中获得的预期收益为R,移民户获得的来自地方政府的货币补贴是V_1(现实中,移民补助金由中央政府和地方政府共同承担,这里为分析的方便,将移民补助金统一看作由地方政府承担),移民后的预期收益是R_1,农户因移民产生的实物资本的损失是C_1,农户移民搬迁成本是C_2,且$V_1 + R_1 > C_1 + C_2$,否则农户作为理性经济人,是不会选择移民的。那么,农户移民后最终的利益为$S_{11} = V_1 + R_1 - C_1 - C_2$,地方政府最终的利益为$S_{21} = R - V_1$,且$R - V_1 > 0$,则$S = (S_{11}, S_{21}) = (V_1 + R_1 - C_1 - C_2, R - V_1)$。

(2) $S = (S_{12}, S_{21})$,即地方政府实施移民政策,但是农户认为地方政府的补助标准不合理,不愿意移民,将其视为策略Ⅱ。虽然地方政府实施移民政策,但是移民不成功。当地农户面临的洪水危险依然存在,若是蓄滞洪区启用,需要承担区内农户临时撤退和后续重建家园带来的巨大损失,农户贫困问题加剧,假设其损失记为C_5。而农户不移民同样会面临蓄洪、临时转移撤退和重建家园的风险,假设农户不移民可能付出的成本是C_4,农户拒绝移民但可获得未来收益记为R_2,则农户不移民留在原地的最终利益为$S_{12} = R_2 - C_4$。此时,由于其他地方政府成功实施移民政策,生态环境改善,经济发展加速,人口贫困问题缓解,而本地生态环境持续恶化,经济发展受限,人口贫困问题加剧,所以,由于未能成功实施移民政策,地方政府将错失国家移民政策带来的发展机遇。地方政府需要付出不成功移民的代价，假设为 C_5。地方政府最终的利益为 $S_{21} = -C_3 - C_5$，则 $S = (S_{12}, S_{21}) = (R_2 - C_4, -C_3 - C_5)$。

(3) $S = (S_{11}, S_{22})$，即地方政府没有实施移民政策的意向，而农户选择自行移民，将其视为策略Ⅲ。因为当前选择自行移民的农户极少，故给地方政府带来的收益也微乎其微，地方政府的收益可以看作为0，假设农户自行移民获得的收益为 R_3。这部分自行移民的农户，往往是家庭经济条件较好，有能力在城镇购买商品房，或者为了子女教育、婚嫁、就业等在城镇购房。此时，$S = (S_{11}, S_{22}) = (R_3, 0)$。

(4) $S = (S_{12}, S_{22})$，即地方政府不实施移民政策，农户也不移民，维持现状，将其视为策略Ⅳ。此时，地方政府的收益为0，因未实施移民政策，若发生突发性大洪水，需要临时转移撤退和重建家园，假设地方政府和农户的损失分别为 C_3 和 C_4。而农户留在蓄滞洪区的未来预期收益记为 R_2，地方政府的最终收益为 $-C_3$，农户的最终收益为 $R_2 - C_4$，则 $S = (S_{12}, S_{22}) = (R_2 - C_4, -C_3)$。

根据表7-1可知，对于地方政府来说，当农户选择策略Ⅰ（S_{11}）即愿意移民时，地方政府将顺利完成中央的移民任务，与此同时，还将获得最大的收益，则地方政府会选择策略Ⅰ（S_{21}）实施移民政策。当农户选择策略Ⅱ（S_{12}）不移民时，由于 $-C_3 - C_5 < -C_3$，即 $S_{21} < S_{22}$，地方政府会选择不实施移民政策。

对于农户来说，当地方政府选择策略Ⅰ（S_{21}）实施移民政策时，农户会比较 $V_1 + R_1 - C_1 - C_2$ 与 $R_2 - C_4$ 的大小。农户的选择将直接影响地方政府能否顺利实施中央政府下达的移民政策，也极大地影响整个博弈模型。具体分以下两种情况进行讨论。

一是 $V_1 + R_1 - C_1 - C_2 > R_2 - C_4$ 时，农户对地方政府给予的移民补偿较为满意，农户愿意移民。对当地政府而言，实施移民政策不仅可以完成上级政府下达的任务，还能获得长期的收益回报。因此，博弈结果为 $S = (S_{11}, S_{21}) = (V_1 + R_1 - C_1 - C_2, R - V_1)$。

二是 $V_1 + R_1 - C_1 - C_2 < R_2 - C_4$ 时，农户对地方政府给予的移民补偿不

满,农户不愿意移民,待在蓄滞洪区,维持现状。一方面,农户对移民补偿标准及其他配套移民政策不满,同时担心现有的补偿标准能否到位、移民政策前后不一等;另一方面,农户期望自己所在蓄滞洪区未来不会开闸蓄洪,存在侥幸心理。因此,博弈结果为 $S=(S_{12},S_{21})=(R_2-C_4,-C_3-C_5)$。

7.2.3.2 纯战略纳什均衡解及分析

(1) 农户(M_1)分析。当地方政府选择实施移民政策时,农户一般会比较 $V_1+R_1-C_1-C_2$ 与 R_2-C_4 的大小;当地方政府选择不实施移民政策时,农户一般会比较 R_3 与 R_2-C_4 的大小。具体有以下三种情况。

一是如果 $V_1+R_1-C_1-C_2<R_2-C_4$,农户选择不移民。此时,地方政府实施移民政策,农户选择移民的收益低于不移民的收益,农户一般会选择不移民。在此条件下,农户选择不移民,地方政府实施移民政策。

二是如果 $R_3>R_2-C_4$,农户选择移民。此时,地方政府选择不实施移民政策,农户选择移民的收益高于不移民的收益,农户一般会选择移民。在此条件下,农户移民,地方政府不实施移民政策。

三是如果 $V_1+R_1-C_1-C_2>R_2-C_4$ 而 $R_3<R_2-C_4$,即 $V_1+R_1-C_1-C_2>R_2-C_4>R_2-C_4$,当地方政府实施移民政策时,农户选择移民的收益高于不移民的收益,农户会选择移民;当地方政府不实施移民政策时,农户选择不移民的收益高于移民的收益,农户一般会选择不移民。所以,农户没有纯战略选择。

(2) 地方政府(M_2)分析。当农户选择策略 S_{11} 移民时,由于 $R-V_1>0$,地方政府实施移民政策不仅可以完成上级下达的任务,长远来看还可以获得较大的收益,地方政府会选择实施移民政策。当农户选择策略 S_{12} 不移民时,由于 $-C_3-C_5<-C_3$,地方政府会选择不实施移民政策。因此,地方政府没有纯战略选择。

7.2.3.3 混合战略纳什均衡解及分析

根据上面的分析,在 $V_1+R_1-C_1-C_2<R_2-C_4$ 时,农户和地方政府

均没有纯战略选择。所以，地方政府和农户会进行比较衡量，从混合战略中选择最佳决策行为。假设地方政府和农户的期望效益为 U，则地方政府实施移民政策的期望效益为 $U(S_{21})$、不实施移民政策的期望效益为 $U(S_{22})$；农户移民的期望效益为 $U(S_{11})$、农户不移民的期望效益为 $U(S_{12})$。

（1）农户（M_1）的最优行为选择。假设农户选择移民的概率为 p_1，则选择不移民的概率为 $1-p_1$，则农户移民的期望效益为：

$$U(S_{11}) = p_1(V_1 + R_1 - C_1 - C_2) + (1-p_1)R_3 \quad (7-1)$$

农户不移民的期望效益为：

$$U(S_{12}) = p_1(R_2 - C_4) + (1-p_1)(R_2 - C_4) \quad (7-2)$$

根据效用最大化原则，农户选择移民取决于：

$$U(S_{11}) > U(S_{12}) \quad (7-3)$$

将式（7-1）和式（7-2）代入式（7-3）中，可得：

$$p_1 > (R_2 - C_4 - R_3)/(V_1 + R_1 - C_1 - C_2 - R_3) \quad (7-4)$$

由 $0 < p_1 < 1$ 可知，$R_2 > C_4$。 $\quad (7-5)$

假设 $p_1 = (R_2 - C_4 - R_3)/(V_1 + R_1 - C_1 - C_2 - R_3)$，则 p_1 为农户的选择依据。由式（7-5）可知，$R_2 - C_4 - R_3 < 0$，那么 $V_1 + R_1 - C_1 - C_2 - R_3 < 0$，由式（7-4）可知，当 V_1 和 R_1 越大，C_1、C_2、R_3 越小时，该式才得以成立，也就是说，当中央政府和地方政府给予农户移民的补助越高，农户移民后获得的预期收益越高，同时，农户自行移民获得的收益越低，农户因移民产生的实物资本的损失和农户移民搬迁成本越低，农户选择移民的概率 p_1 就越高。

综上分析，要促进农户自愿主动移民，首先，地方政府要尽可能地提高对农户移民的补助标准；地方政府要进一步完善安置地的整体环境、医疗、子女教育等配套设施及就业政策；在实施移民迁建中，地方政府要尽力降低农户由于搬迁产生的额外成本，采取一定措施保障移民在生产和生活方式上平稳过渡。

（2）地方政府（M_2）的最优行为选择。假设地方政府实施移民政策的概率为 p_2，则不实施移民政策的概率为 $1-p_2$，则：

地方政府实施移民政策的期望效益为：

$$U(S_{21}) = p_2(R - V_1) + (1 - p_2)(-C_3 - C_5) \quad (7-6)$$

地方政府不实施移民政策的期望效益为：

$$U(S_{22}) = p_2 0 + (1 - p_2)(-C_3) \quad (7-7)$$

根据效用最大化原则，地方政府实施移民政策取决于：

$$U(S_{21}) > U(S_{22}) \quad (7-8)$$

将式（7-6）和式（7-7）代入式（7-8）中，可得：

$$p_2 > C_5/(R - V_1 + C_5) \quad (7-9)$$

假设 $p_2 = C_5/(R - V_1 + C_5)$，那么 p_2 是地方政府选择是否实施移民政策的依据。

蓄滞洪区移民工程是一个长期的过程，地方政府的效用来自当地民生的提升和未来发展的潜力，因此，地方政府在移民中获得的预期收益要远远高于给予农户的移民补偿，$R > V_1 > 0$。如果政府给予农户的移民补偿 V_1 越大，就意味着地方政府在移民中获得的预期收益越大，地方政府实施移民政策的概率 p_2 就越大。

综上分析，要促进地方政府实施移民政策，中央政府和地方政府要尽可能地提高对农户移民的补助标准。一方面，中央政府要提高对蓄滞洪区移民的补助标准；另一方面，地方政府也要采取各种措施，提高本地蓄滞洪区移民的配套补偿，引导农户积极主动地移民。

7.2.4 博弈结果分析

通过对地方政府和农户的博弈模型进行分析，得出两个纯战略纳什均衡和一个混合战略纳什均衡（见表7-2）。

表7-2　地方政府与农户的博弈均衡

	条件	地方政府	农户
1	$V_1 + R_1 - C_1 - C_2 < R_2 - C_4$	实施移民政策	不移民
2	$R_3 > R_2 - C_4$	不实施移民政策	移民

续表

条件	地方政府	农户
3　$V_1 + R_1 - C_1 - C_2 > R_2 - C_4$ 且 $R_3 < R_2 - C_4$	实施移民政策 $p_2: C_5/(R - V_1 + C_5)$	移民 $p_1: (R_2 - C_4 - R_3)/(V_1 + R_1 - C_1 - C_2 - R_3)$
	不实施移民政策 $1 - p_2: 1 - C_5/(R - V_1 + C_5)$	不移民 $1 - p_1: 1 - (R_2 - C_4 - R_3)/(V_1 + R_1 - C_1 - C_2 - R_3)$

(1) 当 $V_1 + R_1 - C_1 - C_2 < R_2 - C_4$ 时，地方政府和农户双方博弈的结果是纯战略纳什均衡，即地方政府选择实施移民政策，农户选择不移民，该结果不是理想的纳什均衡。当前，国家的态度是将蓄滞洪区不安全人口迁移出去，蓄滞洪区移民工程是一项巨大的民生工程，在国家给予移民政策扶持和补助的情况下，农户不愿意移民，导致蓄滞洪区不能正常启用，不仅自身的生命和财产安全得不到保障，还给国家带来了临时转移撤退和重建家园的沉重负担。地方政府应提高蓄滞洪区移民配套补贴，积极实施移民政策，广泛宣传和动员农户移民。农户应转变观念，积极响应国家的移民政策，在预期移民后的净收益高于不移民时，农户才容易做出移民的决策。

(2) 当 $R_3 > R_2 - C_4$ 时，地方政府和农户双方博弈的结果是纯战略纳什均衡，即地方政府选择不实施移民政策，而农户选择移民，该结果也不是理想的纳什均衡。由于蓄滞洪区内经济发展过快，启用决策困难，一旦运用会造成巨大的损失，致使蓄洪与居民生存和发展的矛盾日渐突出。从长远看，将区内居民有序迁出是保障行蓄洪区正常启用、促进区内群众脱贫致富的根本出路。因此，蓄滞洪区移民迁建政策是全面贯彻党的十九大精神、落实习总书记精准扶贫精准脱贫指示和新时期国家治淮方略的重要组成部分。由于长期以来的安土重迁思想，当前选择自行移民的农户极少，当地方政府积极响应并实施移民政策时，对于移民户是有利可图的，选择自行移民的数量会增多。

(3) 当 $V_1 + R_1 - C_1 - C_2 > R_2 - C_4$，且 $R_3 < R_2 - C_4$ 时，地方政府和农户双方博弈的结果是混合战略纳什均衡，具体包括两种情况：农户以（$R_2 -$

第7章 激励蓄滞洪区农户迁移的机制设计

$C_4 - R_3)/(V_1 + R_1 - C_1 - C_2 - R_3)$ 的概率选择移民，以 $1 - (R_2 - C_4 - R_3)/(V_1 + R_1 - C_1 - C_2 - R_3)$ 的概率选择不移民；地方政府以 $C_5/(R - V_1 + C_5)$ 的概率选择实施移民政策，以 $1 - C_5/(R - V_1 + C_5)$ 的概率选择不实施移民政策。在上面的均衡中，地方政府需要付出不成功移民的代价 C_5 越大，移民农户获得的来自政府的货币补贴 V_1 越大，且 R 与 V_1 的差值越小，那么地方政府选择实施移民政策的概率 p_2 就越大。对于农户，当政府给予农户移民的补助越高，农户移民后获得的预期收益越高，地方政府的货币补贴 V_1 和农户移民后的预期收益 R_1 越小，同时，农户自行移民获得的收益 R_3 越大，农户因移民产生的实物资本的损失 C_1 和农户移民搬迁成本 C_2 越大，农户选择移民的概率 p_1 就越大。所以，当地方政府选择实施移民政策的概率及农户选择移民的概率都越高，那么地方政府和农户双方博弈的结果越有利于促使二者达成一致，从而实现在地方政府主导下的农户自愿移民。

综上，由地方政府主导实施的蓄滞洪区移民中，作为移民安置对象的农户，其是否选择迁移的决策主要取决于能否获得符合其预期的政府移民补助金，安置地的位置，搬迁到安置地后所获得的居住环境、就业、教育、医疗等条件改善的效益高低，以及移民搬迁成本的高低。而当地政府是否会根据农户的期望提供移民安置补偿，主要取决于促使农户迁移所需措施的成本，以及满足农户期望的移民补偿与不满足农户期望的移民补偿之间的差异。所以，在蓄滞洪区移民实践中，地方政府应根据移民农户的合理需求，制定出具有可操作性的移民补助标准，降低农户移民搬迁的成本，加强安置地基础设施建设，切实改善移民户的居住条件和生活环境，建立健全城乡统筹的社会保障体系，开展移民就业培训，给予移民金融政策优惠，鼓励移民自主创业，确保农户移民后能够实现住房有保障、生计有着落、收入能增加、福利能提高，进而激励农户主动迁移。同时，地方政府要从思想上引导农户认清移民搬迁不是地方政府的政绩工程，而是国家的民生工程，赋予农户充分的话语权，制定出切实可行的移民政策配套保障机制，规范移民程序，进而有效激励农户积极移民。

7.3 基于博弈分析的蓄滞洪区移民激励机制设计

由上一节的博弈分析结果可知，只有当地方政府选择实施移民政策的概率及农户选择迁移的概率都高时，地方政府主导下的农户自愿移民才越容易实现。如何才能使地方政府选择实施移民政策的概率和农户选择迁移的概率都高？答案是引入激励机制，实现双方收益的最优。蓄滞洪区移民迁建是一个长期而复杂的工程，离不开政府发挥主导作用。农户是否选择迁移很大程度上有赖于政府一定的政策激励，合适的激励机制对于破解当前蓄滞洪区移民的困局具有积极的推动作用。

7.3.1 移民激励机制的分析框架

结合地方政府和农户的利益博弈分析结果，以及对安徽省城西湖蓄洪区的实地调查，发现蓄滞洪区移民的主要滞碍因素来自移民的直接实施主体——地方政府和移民的对象——农户，二者均存在移民动力不足的问题。在其他条件不变的情况下，增加激励因素会提高农户的预期收益，将对农户和地方政府的博弈关系产生积极影响，会促使农户选择移民的概率增加，即更多农户将会做出移民的决策。一般地，地方政府的重视程度是左右蓄滞洪区移民能否成功的重要因素，若地方政府缺少实施蓄滞洪区移民的热情，即激励机制缺失，将导致地方政府不愿落实移民政策，而建立移民激励机制可以改善地方政府实施移民政策的意愿和行为，地方政府将更有积极性地执行中央政府的移民政策，地方政府实施移民政策的概率增加，更多的地方政府将会实施移民政策，社会总福利也将增加。

鉴于此，为提高地方政府和农户双方移民的积极性，必须建立涵盖双方的移民激励机制，尝试从地方政府和农户两个方面提出蓄滞洪区移民激励机制，以期激励地方政府将实施移民的"理论动力"转变成"实践动

第7章 激励蓄滞洪区农户迁移的机制设计

力",引导和激励农户将移民的"潜在意愿"转化为"具体的决策行为",建立农户与地方政府协同联动的移民激励机制(如图7-1所示),促使农户自愿、主动地移民,促进地方政府加快落实中央的移民政策,出台并落实地方移民配套政策,是推动蓄滞洪区移民顺利进行的政策保障。

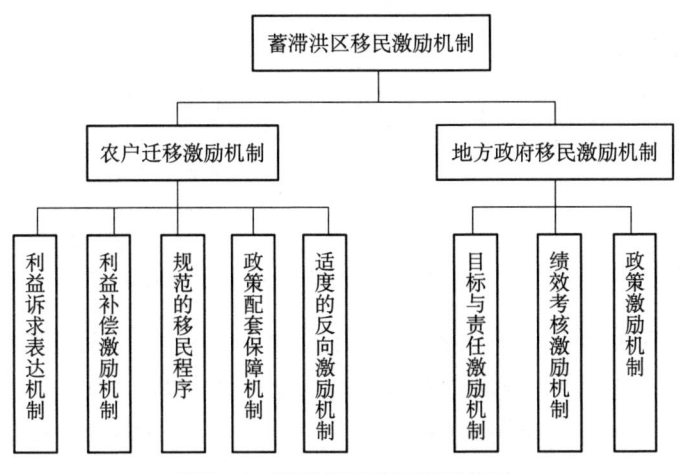

图7-1 蓄滞洪区移民激励机制

蓄滞洪区农户迁移的激励机制是指为了实现移民的目标,地方政府采取一定的刺激手段,激发农户的迁移积极性,从而实现地方移民目标的规范体系。激励主体是地方政府,激励客体是农户。具体的农户迁移激励机制分析框架如图7-2所示。

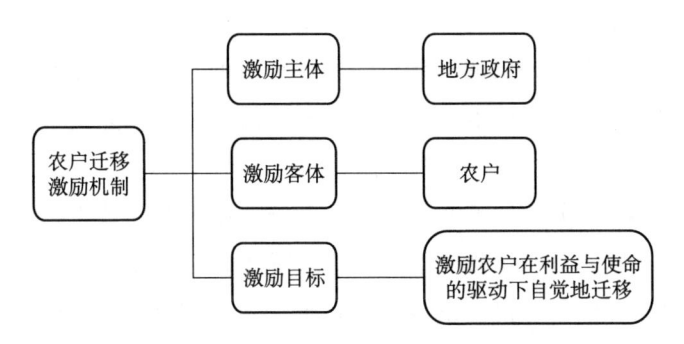

图7-2 农户迁移激励机制的分析框架

蓄滞洪区地方政府移民的激励机制是指为了实现移民的目标,中央政府或上级政府采取一定的刺激手段,激发地方政府或下级政府的积极性,从而达到预定目标的规范体系。鉴于我国的国情，中央政府或上级政府在激励机制中起主导作用，是激励的主体，地方政府是激励的客体。具体的地方政府移民激励机制分析框架如图7-3所示。

```
                    ┌── 激励主体 ──── 中央政府或上级政府
地方政府             │
移民激励机制 ────────┼── 激励客体 ──── 地方政府或下级政府
                    │
                    └── 激励目标 ──── 激励地方政府加快落实
                                      中央移民政策，出台并
                                      落实地方移民配套政策
```

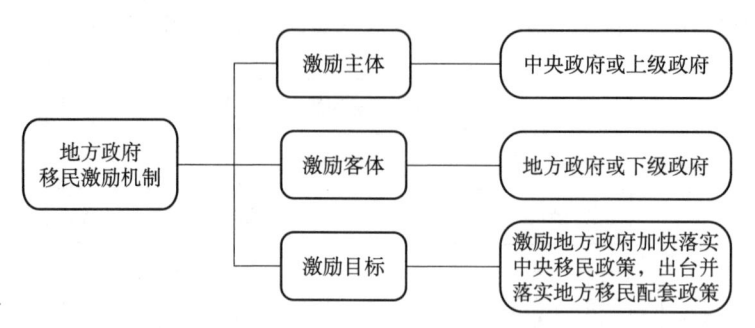

图7-3 地方政府移民激励机制的分析框架

完整的激励机制应确立清晰的目标，经过计划、实施、控制等环节的运作，达到完善激励机制体系自身建设的目的[263]。农户的迁移决策行为需要激励，首先需要制定激励的目标，有了目标，机制的制定才有指向性。根据上一节地方政府和农户的博弈分析，可以看出农户迁移决策行为的动机多是源自对经济利益的追求，农户对移民后所获补偿及未来生计保障的预期将直接影响农户的迁移决策。若当地政府给予的安置补偿满足农户的合理需要，可以保障相关的经济权益和社会权益，且移民后农户的生活条件和整体福利水平高于移民前的水平，那么农户就有迁移意愿。所以，在分析农户利益的基础上，构建农户迁移的激励机制，是确保农户在移民后获得符合其合理需求补偿的基础。保障移民后的整体福利水平不低于移民前的整体福利水平，保障农户的合法权益，维护农户的切身利益，激励农户在利益与使命的驱动下自觉地迁移。

对于有移民任务的地方政府或下级政府，中央政府或上级政府作为激励的主体，激励的目标是激励地方政府或下级政府加快落实中央的移民政策，出台并落实地方移民配套政策，让他们在规定时间内，保质保量地完成上级政府下达的移民任务，并且保证移民不返迁，同时要兼顾经济效益、社会效益和环境效益。

7.3.2 移民激励机制设计的原则

7.3.2.1 农户迁移激励机制设计的原则

（1）以人为本原则。贯彻以人为本的发展思想，把保障人民生命和财产安全放到第一位。在激励机制设计之前，要进行充分的实地调研，了解农户对移民的认知、态度及意愿，了解农户的困难和需求，找出阻碍农户移民参与意愿的关键因素，因户制宜地拟定移民安置方案，把保障和维护农户利益放在第一位，避免少数决策者不切实际地做出"一厢情愿"的激励对策。

（2）政府引导与群众自愿相结合的原则。按照全面建成小康社会和乡村振兴战略的总体要求，既要强化政府主导作用，加强制度设计和政策引导，又要广泛听取群众心声，坚持群众自愿，充分尊重群众的知情权、参与权和监督权，保障群众的合法权益。移民要在政府主导、农户自愿的前提下进行，安置方案及安置区选址要充分论证、科学比选，既有利于项目实施，又便于群众生产生活。住房建设资金采用国家扶持、群众配套的筹措方式，确保迁建群众能够入住新房。

（3）公众参与原则。公众参与就是要求改变传统的管理方式，实行重心下移[264]。换句话说，就是公民开始影响公共政策的活动。蓄滞洪区移民作为一项新的制度与政策，离不开包括农户在内的公众的广泛参与。首先，在制定、执行移民政策以及反馈政策效果时，要广泛吸收农民的智慧和参与，充分考虑待迁农户的利益需求，整合社会公众力量以确保移民政策的合理性和可行性；其次，在移民实施过程中广泛接受公众监督，警惕出现偏差，发现问题及时调整。

（4）公平效率原则。开展蓄滞洪区移民将直接对区内农户的生产生活产生重大影响，必须以公平、稳定、发展作为主要的移民目标之一。首先，公平性主要是对不同农户移民利益的公正和公平，要科学制定移民补助标准，移民补助金的发放要本着公平原则，平等的决策权重、相同的补助标准和安置标准等,保证移民的公平性,巩固农户移民的基础;其次,移民审批环节要充分体现"公平优先,兼顾效率"的原则,简化移民审批程序,保证审批程序中的权属调整公开透明。

(5)国家扶持与群众自力更生相结合原则。安置点建设资金采取国家补助、地方配套和群众自筹方式,多渠道筹措,应广泛发扬移民群众自力更生、艰苦奋斗精神,通过国家政策扶持和群众的自身努力,争取早日迁移。

7.3.2.2 地方政府移民激励机制设计的原则

(1)统筹规划,分步实施原则。蓄滞洪区移民迁建要有发展的观点,移民是个长期的过程,要一步步地进行,不可能一蹴而就。统筹规划、合理安排,不冒进,不急功近利。移民应服从流域总体防洪规划和蓄滞洪区安全建设规划的整体布局,与小城镇规划、新农村建设相结合,实行渐进式移民,分阶段、分步骤推进移民安置工作。

(2)远近结合,重点优先原则。综合考虑行蓄洪频率、地理位置和贫困程度等因素,科学安排当前和长远发展,分类实施,突出重点。近期重点实施启用较为频繁、洪水风险较大、贫困人口相对集中地区的移民安置活动。

(3)先易后难、群众自愿原则。综合考虑农户的家庭成员、住房、收入等情况,结合群众意愿,先易后难地有序推进移民工作,进行移民试点示范村建设。

7.3.3 农户迁移的激励机制设计

7.3.3.1 农户迁移的利益诉求表达机制

利益诉求和表达是人类社会的重要现象[265],追逐利益是人类行动的唯一动力[266],"当某个组织或个人提出一项政治要求时就代表着利益表达的开始"[267]。公共决策者很难获得完全的信息,这种信息的不完全性会致使

第7章　激励蓄滞洪区农户迁移的机制设计

一些群体尤其是弱势群体的利益被疏忽，因此弱势群体更需要表达利益诉求[268]。而农户正是移民中的弱势群体，一方面由于农户组织化程度低和分散性，导致农户表达利益的声音较弱；另一方面是农户自身的局限性，如农户的权利民主意识还没有完全觉醒，对移民问题表现出"淡漠"，缺少大局观念和责任感，以及依赖心理[269]。农民群体利益的表达机制是影响社会稳定与和谐的一个重大研究课题[270]。

构建农户迁移激励机制的目的是保护农户的权益和利益，并允许农户通过一定的渠道和方式表达出自己的利益诉求，主要有住房、耕地、就业、社会保障、身份认同等方面的利益诉求。要想解决好这一问题，需要农户与政府管理部门之间的沟通协商。移民农户利益诉求与表达机制就是政府为了满足移民表达诉求而建立的，在此机制下，移民能合理合法地表达自己的诉求。其根本在于提供一个上下交流协商平台与渠道，听取移民意见，回应移民诉求，使移民农户利益诉求得到政府管理机构的及时回应与满足[271]。

建立农户迁移的利益表达机制可重点从以下几点考虑：一是构建畅通的农户利益诉求表达渠道，提高农户的参与意识和协商能力；二是赋予农户平等的谈判地位，对于关系到农户切实利益的一系列问题，如移民方案的制定、补偿标准的确定、移民住房面积的确定、安置房是统建还是自建等，均应听取农户的心声，让他们拥有切实的话语权和决策参与权，防止由于地方政府的决策失误而导致的农户利益受损。同时，由于小农意识带来的目光短浅和思想观念保守等农户自身的局限性，农户迁移的利益诉求表达机制的建立还需要从思想观念上引导农户利益表达的积极性。总之，完善和有效的农户迁移利益表达机制的建立，既可以保证农户在移民中利益不受损，也可以提升农户对地方政府实施移民政策的信心，还能增强农户的政治参与度，让农户理解政府在搬迁过程中面临的诸多困难[272]。

7.3.3.2　农户迁移的利益补偿激励机制

经济学家认为，激励对象虽然存在很多需要，但经济利益是最主要的需求，它高于其他任何需求，只要满足激励对象一定量的经济利益，就可以替代其他任何需要。经济利益是人们行为的本源,因此,刺激和提高激励对象的经济利益是激励的最主要内容[273]。由上一节的博弈分析可以看出,农户决策行为的动机大多是源于对经济利益的追求,所以为使农户主动积极地迁移,除了依靠政策宣传及政治思想工作外,经济利益补偿到位、及时是最重要的保障措施,要让农户对移民政策有一个比较稳定的预期。因此,建立有效的蓄滞洪区移民利益补偿激励机制具有十分重要的价值。

第一,合理确定补助标准。合理确定移民补助标准是提高农户移民积极性和保证移民顺利实施的关键。根据2018年《安徽省淮河行蓄洪区居民迁建资金筹措方案》,优先保障建档立卡贫困户移民,省以上资金补助在原5.62万元/户的基础上再提高5.74万元/户,即现行的贫困户移民省级补助标准是11.36万元/户,而现行的其他农户的移民补偿标准仅为5.62万元/户(中央补助3.3万元/户,省级补助2.32万元/户)。当前的移民补助标准存在三大问题:一是补助金额较低,无法满足农户的实际移民需求,而提高移民政策的补助标准是推动农村人口自愿迁移的物质基础[141]。当然,根据国家扶持与群众自力更生相结合的移民激励机制原则,移民补助金额不可能按照农户的要求越给越高,而应当是适度的提高,即适当提高搬迁补助金额。二是按户补助的方式存在一定的不合理性,调研发现,农户家庭的人口规模为1~6人不等,若补助金按户发放,必然存在一定的不合理性,可尝试设置按人发放与按户发放两种不同的移民补助金发放形式,分别设置不同的标准,让农户自己选择。三是没有对农户现有的宅院给予估价并做出相应的补偿,农户的宅院有大有小,住房有新建楼房、旧房和危房,其市场价值差别较大,应给予估值和补偿。同时,要保持补偿政策的连续性。

第二,实施多元化的利益补偿途径。当地政府应探索多样化的补偿途径,在充分尊重农户意愿的前提下,建立明确可行的移民补偿执行条例,围绕农户的不同需求,用安置房补偿、优惠政策、社会保障政策与一次性货币补偿政策相结合的方式,设计多种补偿形式。其中,安置房补偿主要是分配移民政府统建的安置房,移民户需补交安置房差价;一次性货币补偿主要是对选择移民农户的现金补偿,用于安置区的建房补贴,或是给已经进城定居的农户的一次性现金补偿,同时将符合条件进城落户人口按规定纳入城镇住房保障体系;针对移民后生产距离较大和城镇购房农户,采取一定的经济鼓励政策,使其尽可能通过出租、参与土地流转等形式脱离土地。

第三,建立移民奖励机制。移民奖励机制既是对移民行为的情感肯定,也暗含对不移民行为的道德谴责,可作为稳定农户积极移民的支撑手段。因时因地制宜,根据当地移民的具体情况,建立移民奖励机制,实施进城退宅农民奖励政策,对限期搬迁拆旧的移民给予适当奖励,也可以将给予农户特殊优惠待遇作为奖励。例如,给予移民户子女教育福利,如择校的权利、学杂费用减免等,设立移民户学生教育补贴款,对子女考取大学、高职院校的移民户家庭发放数目不等的教育补贴款等。当然,金钱和物质上的奖励不是奖励的唯一方式,有时候精神方面的奖励会更有成效,构建农户移民的声誉机制,给予移民户更多的精神报酬,比如可以通过模范表彰等形式对积极移民者予以表彰,增强移民户内心的自我满足感和使命感,从而调动广大农户移民的积极性、责任感和使命感。

7.3.3.3 规范的移民程序

蓄滞洪区移民是一项复杂而艰巨的工作,要在农户自愿的基础上依照规范的移民程序实施。具体程序如下。

(1)农户提出移民申请。本次蓄滞洪区移民的对象包括区内居住在保庄圩内的安全人口、居住在设计洪水位以下的不安全人口和居住在庄台上的人口。所有移民对象进行公开并按以下程序审批移民对象:农户提出申请、村委会初审并公示、乡镇政府复审并公示、县级政府终审并公告、移民协议签订五个环节。

(2)审批及公示。在农户提出移民申请后,所有移民对象进行公开并按以下程序审批移民对象,要顺次经过村委会初审及公示、乡镇政府审核及公示和县级政府审批及公告三个环节,最终确定是否同意农户的移民申请。

(3)签订移民协议。经过审批及公示环节,符合条件的农户,进入签订移民协议环节。移民协议主要包括移民补助标准、安置方式、安置房标准、搬迁期限等。对移民协议有争议的农户，可以申请复核，如无异议，则由农户和村集体签订《自愿移民协议》。

（4）农户实施移民。农户签订移民协议后，由乡镇政府将通过复审的移民资料统一登记并报县人民政府审批，经批准后，农户按照协议规定的期限搬迁，并依据协议在规定时间内获得安置建房补助款。

（5）老房拆除并复耕。凡符合移民政策补助的农户，在安置区新房建成后，须签订老房拆除协议。补助到户的资金，按合同和房屋施工进度分期拨付，并保留20%待老房拆除后5日内结清。老房拆除后的宅基地要收归国有并复耕，防止移民返迁，一次巩固移民成果。

7.3.3.4 移民政策配套保障机制

（1）土地政策支持机制。严令禁止无序的土地开发利用活动，禁止在低洼地新建房舍等基础设施，优先保障安排蓄滞洪区用地指标。激励各地举办蓄滞洪区农村宅基地自愿退出试点活动，制定相应的奖励扶持办法。安置区建设用地一般采取宅基地异地置换模式，通过城乡建设用地增减挂钩方式来解决。允许蓄滞洪区扶贫重点县城乡建设增减挂钩剩余指标按规定在省域范围内流转，所得收益与移民补助金整合用于蓄滞洪区移民安置。2018年6月，安徽省国土资源厅发布《关于加强淮河行蓄洪区移民搬迁用地保障的通知》，要求各地认真做好保障蓄滞洪区移民安置用地工作。

（2）财政资金保障机制。各级财政加大力度资助淮河蓄滞洪区的移民建设，将各类涉农资金整合并优先用于蓄滞洪区建设工程。中央预算内的水毁修复资金优先用于蓄滞洪区安全建设，各级财政加大力度资助蓄滞洪区的安全建设，在不妨碍贫困县涉农资金统筹使用前提下，对涉农资金统筹规划用于蓄滞洪区的安全建设、基础设施建设、公共服务设施建设，以及资助贫困户建造房屋。蓄滞洪区移民迁建补助资金根据规定实行专项管理、专款专用，中央和省级补助资金主要用于补助移民建房和安置区的基础设施建设，鼓励各级政府通过各种渠道筹集移民补助配套资金。补助金直接发放给移民对象，定期监督和检查资金的管理及使用情况。

(3) 构建完善的移民宣传发布机制。坚持对蓄滞洪区移民迁建进行宣传和引导，改变区内居民仅满足于"有饭吃、有房住"的传统落后观念。大力开展政策宣传、思想教育和技能培训工作，不断创新宣传方式和宣传平台，积极为区内群众提供迁建政策咨询，引导群众支持迁建、配合迁建、参与迁建。构建完善的蓄滞洪区移民宣传发布机制，积极策划开展不同主题的采访活动，集中解答群众对移民搬迁的疑问，也让社会公众全方位、多角度了解蓄滞洪区移民迁建工作的社会价值和重要意义。

(4) 强化社会保障工程的作用机制。强化社会保障的作用，充分发挥社会保障工程的扶贫开发、就业培训、民政救助等职能，给予区内适龄人口优先职业技能培训，各地阳光工程要优先照顾蓄滞洪区居民，提高他们的劳动技能和人口素质，提高他们寻求相对长期就业机会的能力和积极性，进而提升他们的外迁意识。对无就业、无劳动力的搬迁户，全部纳入社会保障体系，保障他们的最低生活需求。建立公开透明的移民利益保障机制，完善提升社区配套设施，妥善解决移民关心的上学、就医、社保等民生问题，解除移民的后顾之忧。

7.3.3.5 适度的反向激励机制

反向激励机制是对农户移民行为的约束及规范，促使农户从"不移民"向"移民"转变，形成农户移民的倒逼机制，从而达到促使农户主动移民的目的。凡是规划移民安置的蓄滞洪区将不得新建任何项目，包括居民不得新建和改扩建住宅，停止一切基础设施建设投资项目，鼓励居民到安置区自建住宅。对违反规定新建、改扩建项目的居民，按违章建筑登记、拆除，并处以罚款。蓄滞洪区启用时，对移民户应拆除而未在规定期限内拆除的原住房及其附属物造成的损失，一律不予补偿。

7.3.4 地方政府移民激励机制设计

7.3.4.1 目标与责任激励机制

蓄滞洪区管理体制相对分散，存在责任主体不明、激励机制不配套等问题，相互推诿、扯皮，甚至无人管理的现象时常发生，地方政府缺少加强蓄滞洪区管理的积极性与热情，实施蓄滞洪区移民工作的责任感有待加强。移民工作被称为"天下第一难"，况且蓄滞洪区移民是自愿移民，若没有一定的目标与责任激励机制，地方政府自然可以群众不愿意移民为由，为本地的移民工作不利找借口。移民是确保蓄滞洪区居民生命财产安全的最佳手段，但移民安置成功与否关键要看政府的投资力度、资金的使用方向和地方政府的重视程度[274]。完整的激励机制应确立清晰的目标，经过计划、实施、控制等环节的运作，达到完善激励机制体系自身建设的目的[275]。2016年7月，李克强总理视察濛洼蓄洪区时，强调"蓄洪洼地绝不能变成民生洼地"，这需要人民群众与政府同甘共苦、通力合作，尤其政府要强化担当意识，负起这份责任，不让蓄滞洪区人民的生活掉队。蓄滞洪区农户调查和移民迁建工作时间紧、任务重，地方各级政府要明确责任、层层签字、终身负责，确保宣传到组到户，资料真实准确，做好群众工作，明确目标任务和时间节点。

7.3.4.2 绩效考核激励机制

增强考核的可操作性和激励功能，通过全方位多维度的考核，以充分发挥考核对地方政府的激励作用。第一，将蓄滞洪区移民纳入对地方政府的考核体系，制定科学合理的地方政府移民绩效考核指标，用于考核地方移民政策的实施效果。第二，建立"任务制"模式，使之成为地方政府移民政策执行的重要动力。明确责任分工，落实移民目标责任制。县人民政府是居民迁建工作的责任主体，县长是第一责任人。乡镇人民政府负责居民迁建工作的具体实施，乡镇长是直接责任人，蓄滞洪区所在市、县政府是蓄滞洪区移民的责任主体，市人民政府起到对居民迁建工作的领导与督查作用，省发展改革委的职责是组织、协调和指导。第三，设定移民的阶段性目标，县级以上的地方政府应把移民阶段性目标的完成情况纳入官员的考核范围并公开结果。第四，构建地方政府移民规制法制体系，将指标体系、惩处办法与标准、规制手段与内容等以法律法规的形式予以明确。第五，对地方政府实行移民考核问责制，明确地方政府主要领导的责任，并明确降职、免职等责任追究形式。如县委县政府可制定《移民迁建工作考评奖励办法》，分类评出奖励等级，按贡献大小给予相关人员奖励，严肃问责完不成任务的乡镇和县直单位。

7.3.4.3 政策激励机制

政策激励机制是由公共政策及其功能作用所构成或产生的激励机制，指在特定的环境条件下，为更好地解决社会问题或实现公共利益，通过发挥公共政策的激励作用而形成的行动、方式等的统一体[276]。蓄滞洪区地方政府移民政策激励指中央政府或上级政府增加政策供给或按照政策要求，界定地方政府或下级政府移民迁建的权责，通过政策的贯彻执行实现推动蓄滞洪区移民的目标。政策激励是蓄滞洪区地方政府移民激励机制的重要组成部分。自2016年以来，安徽省人民政府出台了一系列移民相关政策和保障政策，当前我国促进淮河行蓄洪区移民迁建的政策供给比较充分，但是为促进基层地方政府积极推进移民工作，市、县级地方政府需要根据地区的实际情况，制定出适合本地的具体的移民安置方案，以更有效地发挥政策的实践导向性。

另外，适度的财政激励和精神激励，都能起到激励地方政府实施移民的作用。完善地方政府移民激励机制，要以激励机制理论为基础，充分挖掘地方政府在移民实施与管理中的激励因素，通过构建适度竞争的环境、奖罚分明的理念，以实现建立高效、和谐政府的构想。通过激励机制的构建，使地方政府在蓄滞洪区移民上的努力水平发生变化，激励地方政府更好地发挥政府的职能作用，推进移民迁建工作的顺利实施。

7.4 蓄滞洪区移民的实施建议

当前，蓄滞洪区移民具有特殊性、复杂性、长期性和艰巨性等鲜明特点，同时，安全建设用地指标、移民补助标准、地方政府配套资金和配套措施、移民后的生计等是现阶段面临的难题。城镇化与农业现代化协调发展来促使农民生产生活方式的转变、生活质量和收入水平同步提高，应作为蓄滞洪区移民工作的整体思路。借鉴国内外避灾移民、生态移民、水库移民等的经验，蓄滞洪区移民激励机制需要从制度、政策、管理、法规和教育等方面制定保障措施，促使激励机制真正发挥效用。

7.4.1 强化移民顶层设计，创新移民迁建模式

7.4.1.1 完善顶层设计，争取中央更多支持

蓄滞洪区移民迁建政策的顺利实施离不开中央的政策支持，"高位推动"是中国公共政策制定与执行的重要特征[277]，强化和完善顶层设计是蓄滞洪区移民迁建工程的重要保障。淮河行蓄洪区移民迁建工程由安徽省人民政府强力推动，结合淮河生态经济带建设成为国家战略①的重要契机，基于长远考虑要尽力争取将淮河行蓄洪区移民迁建工程从"区域性"的重大移民工程升级为"国家级"的移民工程，地方应积极申请建议中央将其列为"国家级蓄滞洪区移民示范区"，更好地发挥在类似移民迁建工程中的引领导向作用和榜样示范价值。蓄滞洪区是公益性的防洪工程，是我国防洪体系的薄弱环节，应加大蓄滞洪区投入，将其作为今后全国防洪建设的重点，争取将其列入中央预算内投资计划，比照黄河滩区提高中央补助标准，争取土地利用优惠政策等的有力扶持。

7.4.1.2 创新移民迁建模式，尝试跨省市的区外安置

长期以来，蓄滞洪区的治理思路还主要局限于在蓄滞洪区内部或小范围内解决问题，移民的地理范围太狭小，强调就地解决或自力更生解决，缺乏更开放、更长远的解决思路及完善系统的配套保障措施，这种"封闭

---

① 国务院关于淮河生态经济带发展规划的批复［EB/OL］. http：//www.gov.cn/zhengce/content/2018-10/18/content_5332105.htm.

式"治理思路加重了蓄滞洪区难题的解决[8]。例如，将一些没有安全防洪设施的群众迁至保庄圩等安全设施之内，"人水争地"的前提下蓄滞洪区内群众生产生活条件的持续改善是难以解决的，同样，只在蓄滞洪区区域内进行人口迁移，试图以此持续改善群众的生产生活条件，依然是无解的。蓄滞洪区移民必须扩大安置范围，要打破行政区划限制，努力促进跨区域、甚至跨省域的外部移民，在更大范围内协调安置点布局，同时借助外部资源和力量更好地实施有土安置或有业安置。跨区域的人口安置必将带来极高的运作成本，然而若非如此，大量的人口聚集在蓄滞洪区内，长年的防洪安全建设投入更是一个无底洞。蓄滞洪区移民问题，需要中央和省级政府的决心和大力支持，要借鉴大型水利移民的做法和宝贵经验。

7.4.2 建立可行的移民补助执行条例，明确外迁奖励机制

移民的补助标准和补助方式，不能完全由政府单方面决定，要认真听取移民的意愿，建立切实可行的移民补助执行条例，探索多样化的补偿途径。建立蓄滞洪区移民外迁奖励机制，设立奖励基金，对一次性迁移至区外集镇的移民，给予一次性奖励并提供谋生技能培训和就业咨询，且该项政策不与其他政策相冲突；进城购房户除享受移民迁建补助外，同等享受其他退宅农民购房奖励政策，并可将基础设施建设补助发放给进城购房户；建立移民试点示范工作，树立典型移民户，给予现金奖励；制定"老房拆除奖励办法"，对在规定的时间内完成老房拆除任务的移民户给予现金奖励，通过以奖代补，可有效激发移民拆除老房的积极性，保证移民工作的稳定性。另外，"授人以鱼不如授人以渔"，让移民有了切实的谋生手段可能比现金奖励的效果更好，能够产生更持久的效应，可以通过提供专门的职业技能培训等措施，提高移民外出临时打工或寻求相对长期就业的能力和积极性。

7.4.3 因户制宜，有针对性地进行移民安置

一般地，政府会制定统一的移民操作模式，如安置方式、住房和各项

补助标准等,但是每个家庭的情况不同,移民的需求也多种多样,标准化的安置方式不能满足不同家庭的差异化需求[278]。因此,在移民前期摸底准备阶段,应针对移民户的不同家庭环境、人口规模、收入形式等个体因素进行移民户分类,有针对性地进行移民安置。目前,区内农户按照年龄划分大致分为以下几类:第一类为独居老人,他们以土地为生,缺乏其他生存技能,安土重迁思想严重;第二类为中年人,他们在大部分的农闲时节外出打工,农忙时节回乡务农,打工收入为这部分中年人主要的收入来源,对土地不太依赖;第三类为青年,对新鲜事物的接收能力好,环境适应能力强,期盼走出去务工,不会农活,完全不依赖土地。

移民安置要因户制宜,因人制宜,合理划分移民户类型,对不同类型的移民采取不同的安置方式。具体包括以下三种:(1)对土地依赖程度较高,而对生活品质关注度较低的人,庄台是最佳选择,以老人为代表;(2)对土地依赖程度一般,而对生活品质关注度较高的人,虽然保庄圩是最佳选择,但应积极引导其选择区外移民或自行移民,以大部分中年和少部分老年人为代表;(3)不依赖土地,同时对生活品质关注度较高的人,区外移民,尤其是在城镇购买商品房的自行安置是最佳选择,也可以是跨省市的区外安置,比如在打工所在城市购房定居,以大部分青年人和少部分中年人为代表。

7.4.4 管理政策升级,完善地方政府移民的目标与责任

蓄滞洪水的特定功能与经济发展的矛盾致使蓄滞洪区管理中存在许多亟须解决的问题[29]。蓄滞洪区的管理仍处于探索阶段,管理体制相对分散,管理中存在着程度不同的相互推诿现象,管理上缺乏可操作的规定,无法有效调节各种经济社会活动,地方政府缺少加强蓄滞洪区管理与实施移民工作的积极性与热情。近年来,蓄滞洪区地方政府和水利等上级职能部门之间的矛盾和冲突愈来愈大,地方政府对蓄滞洪区建设、维护持消极态度,导致一些重大项目无法实施。通过建立目标与责任约束机制,可以改善地方政府实施移民政策的意愿和效果,正确的目标与责任机制能增进政府活

力，是提高政府行政效率的重要手段。地方政府要进一步加大政策供给，制定具体的符合当地实际的移民安置方案，起到激励区域内农户迁移的作用。

7.4.5　结合城镇化建设，鼓励移民进城购房

蓄滞洪区是具有洪水风险的特殊的农村地区，蓄滞洪区移民问题也属于中国的"三农"问题。新型城镇化是引领蓄滞洪区居民脱贫致富、解决移民难题的有效路径。大量人口生产生活在蓄滞洪区，并不符合蓄滞洪区的长远发展规划，若周边城市吸纳人口能力加强、就业机会多，居住在保庄圩和庄台上的人口会大量的外迁。按照经济发展的规律，城镇化会成为吸纳蓄滞洪区移民的最终途径。因此，移民安置区要尽量选择区位较好、交通便利的区域，医疗教育与基础设施要逐步完善，尽量具备城镇化的条件。要逐渐改变小农经济生产方式，发展机械化、集约化大农业生产，推进农业产业化经营，让移民从产业化经营中得到更多的实惠，使部分移民尽快脱离农业生产。城镇化安置可分为本地城镇化安置和异地城镇化安置两种模式，未来蓄滞洪区移民安置应是以城镇化为导向的多元安置模式。同时，鼓励经济基础较好的群众进城镇购房自行安置，整户搬出蓄滞洪区。重视移民的就业、收入恢复与经济社会可持续发展，让移民逐步适应安置区的生产和生活。

7.4.6　教育移民，增加收入和提高素质并重

蓄滞洪区经济落后，居民受教育程度普遍偏低，性别歧视思想仍然严重，在失学率上，女童显著高于男童[46]，人口素质有待提升。教育是百年大计，唯有教育能提高人口素质，而人口素质同社会发展是相互依赖、相互促进的，随着人口素质的提升，越来越多的人会选择离开蓄滞洪区。对移民要坚持增加收入和提高素质并重，首先要提高区内居民的人口素质意识，使区内居民深刻意识到提高人口素质的紧迫感和责任感；普及九年制

义务教育，加大区内义务教育基础设施建设，配备师资力量，全力扫除文盲；完善人才培训体系，抓好成人教育和职业技术教育，努力提高移民的就业技能；设置技工培训站，免费为区内适龄青年提供职业培训。土地可以流转，但是移民会因为自身知识水平有限，而缺乏生存技能。所谓良田千顷不如一技在手，技术才是移民以后的安身立命之本。持续对居民提供免费的教育培训和技能训练，使他们具备在城市谋生的技能，这样会促使他们形成外迁意识。新生人口会因为教育的力量而选择自动移民[279]，因为一般老人不愿迁移出来，通过就业和教育先把年轻人吸引出来，未来达到把人逐步迁移出来的目的。

7.5 小　结

本章主要从博弈理论的视角分析了蓄滞洪区农户迁移的激励机制设计。

蓄滞洪区移民的利益相关者主要是地方政府和农户。地方政府的利益目标是希望中央能加大财政转移支付，提高中央预算内投资，提高移民补助标准，希望按照中央政府制定的移民政策顺利地促使农户主动移民，增强地方政府的政绩。农户的利益目标是期望通过移民改善自家的生活和生产条件，追求家庭收益的最大化和后续生计的可持续化，而这和移民所能获得的补助多少及搬迁所需的成本有关。地方政府在移民过程中处于优势地位，而农户则天然地处于劣势地位。

运用博弈理论，构建地方政府和农户的利益博弈模型，对博弈均衡进行分析，得到两个纯战略纳什均衡和一个混合战略纳什均衡。研究认为，当地方政府实施移民政策的概率及农户选择移民的概率都越高，那么双方的博弈结果就越有利于促使二者达成一致，从而有利于促进在地方政府主导下的农户自愿移民。

基于博弈分析，围绕移民的对象——农户和责任主体——地方政府，设计蓄滞洪区农户迁移的激励机制和地方政府移民的激励机制，建立农户

第7章　激励蓄滞洪区农户迁移的机制设计

与地方政府协同联动的移民激励机制理论框架。其中，农户迁移的激励机制包括利益诉求表达机制、利益补偿激励机制、规范的移民程序、移民政策配套保障机制和适度的反向激励机制。地方政府移民的激励机制包括目标与责任激励机制、绩效考核激励机制和政策激励机制。

最后，提出了蓄滞洪区移民的实施建议，包括强化移民顶层设计，创新移民迁建模式；建立可行的移民补偿执行条例，明确外迁奖励机制；因户制宜，有针对性地进行移民安置；管理政策升级，完善地方政府移民的目标与责任；结合城镇化建设，鼓励移民进城购房；教育移民，增加收入和提高素质并重。

第8章 结论与展望

8.1 主要研究结论

（1）关于政府提出实施蓄滞洪区移民的战略决策。蓄滞洪区移民是政府采取主动出击而不是被动应对的方式，将蓄滞洪区群众从低洼风险地区搬迁到安全地带，既保证了他们的生命财产安全，又保证了蓄滞洪区及时有效地启用，减少了洪水灾害风险发生的概率和生态环境的脆弱性，避免发生大洪水时给政府带来的沉重的财政补偿负担，是一项多赢的决策。蓄滞洪区移民也是政府风险管理的一种重要手段，具有前瞻性，与以往的灾后移民相比，是政府管理社会、履行职能的创新，充分体现了政府预防式治理的先进理念[280]。蓄滞洪区移民是一项功在当代、惠及子孙的民生工程，是构建社会主义和谐社会战略决策的重要组成部分。对区内群众而言，移民也是一种发展的路径和手段，政府投资改善他们生活和生产的状态，以降低风险。因此，对于生活在蓄滞洪区的群众来说，移民是一个重大机遇，需要克服自身的困难积极响应移民政策。

（2）关于蓄滞洪区农户迁移的动力机制。采用"推—拉"理论探究了农户迁移动力的形成机理，总结出由迁移动力激发、动力培育、动力转化和动力反馈构成的完整的动力机制链。构建了农户迁移动力机制的分析框架，提出尽管移民会遇到来自各个方面中间障碍因素的阻力，但应从政府实施蓄滞洪区移民战略的重要举措中寻找支持力，从安置地良好的人居环境、生活条件及发展机遇中寻找拉力，从迁出地生存与发展条件的制约中

第8章 结论与展望

寻找推力,从农户自身的需求中寻找内在驱动力,并以其为条件实施蓄滞洪区移民。运用社会学理性选择理论分析了农户迁移动力产生的深层机理,认为生存理性是2003年、2007年灾后移民搬迁的动因。随着生存条件的改善和社会的变迁,生存视角无法有效解释现阶段的移民现象,当前农户迁移动力的深层机理遵循经济理性和社会理性逻辑。

(3) 关于蓄滞洪区农户的迁移态度。研究发现,绝大多数农户对国家实施移民政策持拥护态度,少数对于移民存有疑虑或暂持不同态度的农户,大多对国家移民政策的稳定性和持续性持怀疑态度。现实情况是,有迁移动力和迁移行为倾向的潜在移民人数众多,但潜在移民并不都能成为现实的移民。由于当地政府部门的配合不佳,加上群众理解上的偏差,将使整个迁移工作陷入进退两难的境地。政府在事前应充分调查农户的迁移态度及其经济承受能力,强调移民是惠民工程,搬迁群众是受益者,应在取得群众理解的基础上实施移民迁建工程。农户并不反对迁移,只是对移民补助标准、补助形式、移民安置地的位置等有所不满,所以当前农户的移民参与倾向较低。

(4) 关于蓄滞洪区农户的迁移意愿。城西湖蓄洪区调研发现:愿意移民的农户占31%,而不愿意移民的农户占69%。愿意移民数不足1/3,但高于淮河行蓄洪区居民整体的迁移意愿。对蓄滞洪区农户迁移意愿起正向影响作用的因素:户主受教育程度、户主外出务工经历、户主对移民的预期收益、有无学龄子女、非农收入比重、村离集镇的距离、村地势低洼程度、安置地区位、安置地基础设施、移民补助标准的合理性、政策宣传透明度;负向影响作用的因素:户主年龄、家庭规模、家庭年人均收入和耕种距离。提高蓄滞洪区农户整体迁移愿意的主要方法:一是提高移民补助标准;二是选择区位较好的移民安置地;三是优先选择那些所在村整体地势较低洼、位置偏僻、交通不便、离集镇距离较远、洪水危险程度高的农户家庭。对于离集镇较远、整体地势低洼、居住在设计洪水位以下的不安全人口较多的村,应做好农户的思想工作,尽量在尊重大多数被迁建人意愿的基础上,实施整村搬迁。另外,有学龄子女、非农收入比重较大及贫困户家庭的迁移意愿也相对较高,当前这部分人的需求也要重点关注,合理引导，进一步提高他们的迁移意愿，促成迁移行动。

（5）关于蓄滞洪区农户的迁移决策。总结了农户迁移决策行为的两种模式：自主理性决策模式和从众决策模式。运用社会学理性选择理论分析蓄滞洪区农户迁移决策的理性逻辑，发现在农户的迁移决策过程中，生存理性、经济理性和社会理性三者之间是相互补充又相互竞争的关系，共同影响着农户的迁移决策。基于 TPB 理论分析框架，采用 SEM 对城西湖蓄洪区的 268 个调查样本进行定量分析，为蓄滞洪区农户迁移决策行为机理提供科学解释。研究表明，农户迁移决策行为的形成过程遵循"意愿→行为"这一路径，其中，知觉行为控制是农户迁移意愿和迁移决策的关键影响因素，态度和主观规范是有效影响因素。证实了户主对迁移的支持度、亲朋邻里对迁移的影响、户主受教育程度、家庭年人均收入、非农收入比重、移民政策判断等因素对农户迁移意愿与迁移决策行为的显著影响。构建蓄滞洪区农户迁移决策过程的理论模型，提出蓄滞洪区农户迁移决策过程共有两个决策点：蓄滞洪区移民压力是否超过压力阈值，是农户移民的决策点一。只有当蓄滞洪区移民压力大于压力阈值时，农户才会做出迁移的决策，反之，则不迁移。在决策点二，移民预期净收益是否为正，是蓄滞洪区农户最终能否做出迁移决策的最为重要的关键点。总结了蓄滞洪区农户迁移决策过程的 5 个阶段：移民压力形成阶段、迁移动机形成阶段、估算移民预期收益阶段、决策实施阶段、移民后评价，并分析了各阶段的农户心态。

（6）关于蓄滞洪区移民的激励机制。从利益相关者视角，分析了地方政府和农户的利益目标及行为取向。地方政府的利益目标是希望中央能加大财政转移支付，并提高移民补助标准，希望按照中央政府制定的移民政策顺利地促使农户自愿主动移民，增强地方政府的政绩。农户的利益目标是期望通过移民改善自身生活和生产条件，追求最大化的经济收益和移民可持续的生计来源。运用博弈理论，构建地方政府和农户的利益博弈模型，对博弈均衡进行分析，得到两个纯战略纳什均衡和一个混合战略纳什均衡。研究认为，当地方政府实施移民政策的概率及农户选择移民的概率都越高，那么双方的博弈结果越有助于促成二者的一致行为，从而有助于在地方政府主导下实现农户的自愿移民。探讨农户迁移激励机制构建的路径，分别设计蓄滞洪区农户迁移的激励机制和地方政府移民的激励机制。其中，农户迁移的激励机制包括利益诉求表达机制、利益补偿激励机制、规范的移民程序、移民政策配套保障机制和适度的反向激励机制。地方政府移民的激励机制包括目标与责任激励机制、绩效考核激励机制和政策激励机制。最后提出了蓄滞洪区移民的具体实施建议，包括强化移民顶层设计，创新移民迁建模式；建立可行的移民补偿执行条例，明确外迁奖励机制；因户制宜，有针对性地进行移民安置；管理政策升级，完善地方政府移民的目标与责任；结合城镇化建设，鼓励移民进城购房；教育移民，增加收入和提高素质并重。

8.2 研究不足与展望

受笔者研究水平和研究时间的限制，本书也有局限性，有待进一步完善。本书的不足之处如下。

研究主要以保庄圩、庄台、附近乡镇等就近安置方式为主，对于那些在城镇购房自行安置的农户，由于安置方式不同，移民搬迁动力不同，蓄滞洪区农户迁移意愿与迁移决策的影响因素自然也不同。因此，研究结果对于这部分移民对象存在一定的局限性。

研究区域仅以一个蓄洪区为例，而实际上不同的蓄滞洪区的启用频率、环境压力和人口居住条件等各不相同，区内群众感受到的移民压力也不同，农户的迁移态度和迁移意愿就不同。移民所带来的问题需要在实践中进一步检验，农户迁移意愿的影响因素有待进一步细化和完善，一些指标结果的说服力值得进一步商榷。研究结论不能简单地在所有蓄滞洪区移民中推广，研究结果的普适性略有缺憾。

后续研究还需关注以下几个问题。

（1）不同蓄滞洪区农户迁移意愿影响因素的比较。不同蓄滞洪区的启用频率不同，如濛洼蓄洪区启用频率是 5 年、城东湖是 10 年、城西湖是 15 年，而瘦西湖和瓦埠湖的启用频率大于 20 年。各蓄滞洪区的启用频率不同，地势高低不同，受洪水威胁的大小不等，人口居住条件也不同。蓄滞洪区环境因素和社会因素的差异导致区内群众的移民压力不同。由于本书的研究区域仅是城西湖蓄洪区，后续不妨多选取几个蓄洪区作为调研区域，将不同启用频率的蓄滞洪区农户迁移意愿进行比较，分析影响因素的异同。结果会更加有说服力，比如不同蓄滞洪区农户对安置方式、安置区位置的选择应该不同，可以根据不同地区农户的不同需求精准施策。

（2）已搬迁农户和未搬迁农户的迁移行为影响因素对比分析。迁移行为的分析要在已搬迁和未搬迁的人口之间进行，比较他们的差异在哪里，主要分析户主特征、家庭特征、经济水平、风险偏好、所在村特征、安置地特征等的差异。对已搬迁农户和未搬迁农户迁移行为的对比分析，易于发现农户迁移决策的关键影响因素，如户主学历、家庭规模、家庭年人均收入、安置地位置等，针对关键影响因素调整相关移民政策。

（3）蓄滞洪区移民的政策模拟。蓄滞洪区移民是政府主导下的移民工程，政策性比较强，政策对搬迁的影响很大，既需要政策让农户"搬得出"，又需要政策"稳得住"和"能致富"。因此，政策对蓄滞洪区移民的影响值得深入研究。通过分析农户的政策需求，运用模拟工具，进行蓄滞洪区移民的政策模拟。不同的移民政策会产生不同的移民效果，农户在不同政策下参与搬迁的人数可以看作是对移民政策的响应。通过对政策的改变，比较农户在不同的政策下的响应情况，分析制定什么样的政策，可以让更多的农户搬迁，让更多的人口享受到国家政策福利。政策模拟对蓄滞洪区移民政策的改进和优化有重要价值。

综上，探索和建立蓄滞洪区农户迁移决策与激励机制，需要多学科知识的融合，需要进行大量的理论研究和实践探索。本书关于蓄滞洪区农户迁移决策问题的研究仅仅是个开端，随着移民实践工作的推进，各种问题会不断涌现。蓄滞洪区移民的研究工作正在路上。

附 录

蓄滞洪区农户迁移态度与迁移意愿调查问卷

您好！我们是河海大学公共管理学院的研究生，正在进行一项关于农户迁移态度与迁移意愿的调查，目的是了解蓄洪区农户对于移民的基本态度和意愿，为今后更好地开展移民工作提供建议。问卷仅用于学术研究，您的相关资料我们会进行严格的保密。非常感谢您的支持！

问卷编码：_____

一、个体特征

1. 您所在乡镇、村：_____
2. 您的年龄：_____
3. 您的性别：_____

   A. 男　　　　　B. 女

4. 您的文化程度：_____

   A. 文盲　　　　B. 小学　　　　C. 初中

   D. 高中　　　　E. 大专及以上

5. 您是否有外出打工经历：_____

   A. 有　　　　　B. 无

6. 您是否担任村镇干部：_____

   A. 是　　　　　B. 否

7. 是否有从商经历：_____

   A. 是　　　　　B. 否

8. 对移民的预期收益：_____

   A. 低　　　　　B. 中　　　　　C. 高

二、家庭特征

1. 您的家庭人口数：_____ 人

2. 家中有无学龄儿童：_____

   A. 有　　　　　B. 无

3. 赡养老人数：_____

   A. 1 个　　　　B. 2 个　　　　C. 3 个及以上

4. 家庭风险偏好程度：_____

   A. 低　　　　　B. 中　　　　　C. 高

5. 您家主要的经济来源是：_____

   A. 务农　　　　B. 外出打工　　　C. 本地打工

   D. 个体经营　　E. 政府救济补助　F. 其他

6. 您的家庭年人均收入（万元）：_____

   A. <0.3　　　　B. 0.3~0.5　　　C. 0.5~1

   D. 1~1.5　　　　E. ≥1.5

7. 家庭的非农收入占比：_____

   A. <10%　　　　B. 10%~40%　　　C. 40%~60%

   D. 60%~80%　　E. ≥80%

8. 您现在的家庭收支状况：_____

   A. 比较宽裕　　B. 基本平衡　　C. 紧张　　　D. 完全不够

9. 现有住房满意度：_____

   A. 满意　　　　B. 不满意

10. 您家有几亩地：_____，您家现在承包的土地经营方式是：_____

   A. 自己耕种　　　　　　　　B. 出租给别人耕种

   C. 无偿给亲朋耕种　　　　　D. 土地撂荒

三、所在村及安置地情况

1. 村离集镇的距离：_____ 千米

   A. <5　　　　　B. 5~10　　　　C. ≥10

2. 村经济水平：_____

   A. 低　　　　　B. 一般　　　　C. 高

3. 村组织及村干部态度：_____

　　A. 消极　　　　B. 积极

4. 村地势低洼程度：_____

　　A. 低　　　　　B. 一般　　　　C. 高

5. 安置地位置：_____

　　A. 保庄圩　　　B. 庄台　　　　C. 中心镇　　　C. 城郊

6. 安置地基础设施：_____

　　A. 较差　　　　B. 一般　　　　C. 较好

7. 迁移后的耕种距离是：_____千米

　　A. <2　　　　　B. 2～5　　　　C. ≥5

四、迁移态度

1. 您是否了解移民工程及政策内容（包括政策实施方式、补助金额、补助期限）：_____

　　A. 较了解　　　B. 一般　　　　C. 不了解

2. 您认为国家启动实施蓄滞洪区移民迁建工程的目的是什么（可多选）：_____

　　A. 改善生态环境和群众居住环境

　　B. 加快区内经济发展，提高群众生活水平

　　C. 保障群众人身和财务的安全，避免蓄洪时的撤退转移

　　D. 解决蓄滞洪区运用决策难度大的问题

　　E. 不清楚

3. 您认为移民能达到改善生态环境的目的吗：_____

　　A. 能　　　　　B. 不能　　　　C. 说不准

4. 您主要是从什么渠道获知移民相关信息的：_____

　　A. 村干部　　　B. 村务公开栏　　C. 村民会议

　　D. 新闻媒体　　E. 邻居和亲朋

5. 您是通过什么渠道进行移民信息反馈的：_____

　　A. 村干部　　　B. 县乡政府干部　C. 没有反馈渠道

6. 您认为移民补助金额按户发放是否合理：_____

A. 合理　　　　B. 基本合理　　C. 不合理

7. 您对移民补助金额满意吗：_____

A. 满意　　　　B. 不满意　　　C. 非常不满意

8. 您对移民安置地满意吗：_____

A. 满意　　　　B. 不满意　　　C. 非常不满意

9. 您对自主建房的移民安置方式满意吗：_____

A. 满意　　　　B. 不满意　　　C. 非常不满意

10. 您认为移民后收入会有何变化：_____

A. 收入提高　　B. 收入持平　　C. 收入降低

11. 您认为移民工程实施前景如何：_____

A. 很好　　　　B. 还行　　　　C. 不太好　　　D. 不好

12. 您拥护蓄滞洪区移民迁建工程吗：_____

A. 拥护　　　　B. 不拥护

13. 您在多大程度上愿意迁移：_____

A. 非常愿意　　B. 愿意　　　　C. 不太愿意　　D. 不愿意

五、迁移意愿

1. 您愿意搬迁的原因是什么：_____

A. 现居地不安全　　　　　　　B. 每年夏季遭受雨水之患

C. 便于从事副业或外出打工　　D. 子女教育或婚嫁

E. 改善生产生活环境　　　　　F. 搬迁政策还行，响应政府号召

F. 别人都搬了　　　　　　　　G. 其他原因

2. 您不愿意搬迁的原因是什么：_____

A. 建房成本高，政府补助少，搬不起　　B. 安置地位置太差

C. 刚建了新房，搬了太吃亏　　　　　　D. 移民后耕种距离太大

E. 年纪大了，不想搬　　　　　　　　　F. 面临失业

G. 搬迁后生活成本提高　　　　　　　　H. 其他原因

3. 您愿意选择哪种安置方式：_____

A. 就近迁入保庄圩　　　　　　B. 外迁至集镇

C. 后靠至高岗地　　　　　　　D. 自己到县城买房

4. 如果要搬迁，您是否需要借钱：_____

    A. 是　　　　　B. 否

5. 如果要搬迁，您希望安置房是自建，还是由政府统建：_____

    A. 自建　　　　B. 政府统建

6. 您认为移民工程信息透明情况如何：_____

    A. 相当透明　　B. 基本透明　　C. 不透明

7. 地方政府对移民的态度：_____

    A. 消极　　　　B. 积极

8. 什么情况下您才愿意搬：_____

    A. 希望政府提高移民补贴

    B. 安置地区位要好，起码要优于现居地

    C. 希望政府统建住房

    D. 提供就业技能培训

六、态度、主观规范、知觉行为控制

1. 户主对迁移的支持度：_____

    A. 非常反对　　B. 反对　　　　C. 一般

    D. 支持　　　　E. 非常支持

2. 家庭成员对迁移的支持度：_____

    A. 非常反对　　B. 反对　　　　C. 一般

    D. 支持　　　　E. 非常支持

3. 亲朋邻里对迁移的影响：_____

    A. 影响非常小　B. 影响小　　　C. 一般

    D. 影响大　　　E. 影响非常大

4. 同村人对迁移的影响：_____

    A. 影响非常小　B. 影响小　　　C. 一般

    D. 影响大　　　E. 影响非常大

5. 村干部对迁移的影响：_____

    A. 影响非常小　B. 影响小　　　C. 一般

    D. 影响大　　　E. 影响非常大

6. 移民政策判断：_____

   A. 政策非常差　　B. 政策比较差　　C. 一般

   D. 政策比较好　　E. 政策非常好

7. 移民风险承担：_____

   A. 完全无法承担　　B. 无法承担　　C. 一般

   D. 可以承担　　E. 完全可以承担

8. 移民是我所盼望的：_____

   A. 非常不同意　　B. 不同意　　C. 一般

   D. 同意　　E. 非常同意

9. 移民符合全家的意愿：_____

   A. 非常不同意　　B. 不同意　　C. 一般

   D. 同意　　E. 非常同意

10. 我暂时没有移民的想法：_____

    A. 非常不同意　　B. 不同意　　C. 一般

    D. 同意　　E. 非常同意

11. 正在做移民的准备：_____

    A. 非常不同意　　B. 不同意　　C. 一般

    D. 同意　　E. 非常同意

12. 我会移民：_____

    A. 非常不同意　　B. 不同意　　C. 一般

    D. 同意　　E. 非常同意

七、能谈一谈您对当前政府移民政策的看法吗？

问卷到此结束，再次感谢您的配合！

参考文献

［1］ IFRCRCS. World disaster report ［M］. Oxford：Oxford University Press，1998.

［2］ Hu, P., Zhang Q., Shi P. J., Chen B., and Fang J. Y.. Flood-induced mortality across the globe：Spatiotemporal pattern and influencing factors ［J］. Science of the Total Environment，2018（643）：171－182.

［3］ CRED. The human cost of natural disasters：A global perspective ［EB/OL］. http：//emdat. be/human_cost_natdis. 2015.

［4］ Drogue, G., Pfister, L., Leviandier, T., et al.. Simulating the spatio-temporal variability of stream flow response to climate change scenarios in a mesoscale basin ［J］. Journal of Hydrology，2004（293）：255－269.

［5］ 王九大. 行蓄洪区人口迁移问题研究——以淮河流域为例 ［D］. 南京：河海大学，2008.

［6］ 王翔，罗小青. 蓄滞洪区建设思路与对策探讨 ［J］. 中国水利，2008（1）：54－56.

［7］ 张行行. 洪水灾害避难行为及避难路径选择研究 ［D］. 天津：天津大学，2012.

［8］ 国务院发展研究中心发展战略和区域经济研究部，水利部淮河水利委员会联合课题组. 淮河流域行蓄洪区管理政策研究 ［M］. 北京：中国发展出版社，2009.

［9］ IPCC. Climate change 2014：Impacts, adaptation, and vulnerability ［A］. In：Field C., Barros V., Mach K., Mastrandrea M.（eds.）. IPCC working group II contribution to AR5 ［C］. Stanford，2014.

[10] Drabo A., and Mbaye L. M.. Natural disasters, migration and education: An empirical analysis in developing countries [J]. Environment and Development Economics, 2015 (20): 767-796.

[11] Pei Q.. Migration for survival under natural disasters: A reluctant and passive choice for agriculturalists in historical China [J]. Science China Earth Sciences, 2017 (60): 2089-2096.

[12] 刘慧萍. 安徽省淮河行蓄洪区人口安置研究 [D]. 合肥: 合肥工业大学, 2007.

[13] 刘定湘, 郎劢贤. 对促进蓄滞洪区土地流转的思考 [J]. 水利发展研究, 2014 (9): 24-28.

[14] 朱金祥. 对淮河行蓄洪区及淮干滩区渐进式移民的认识与思考 [J]. 水利天地, 2009 (11): 21-22.

[15] 侯传河, 沈福新. 我国蓄滞洪区规划与建设的思路 [J]. 中国水利, 2010 (20): 40-44, 64.

[16] [美] 吉尔伯特·F. 怀特. 人类与洪水相适应 [M]. 李继清, 张玉山译. 北京: 中国水利水电出版社, 2012.

[17] 马治人. 国内外蓄滞洪区现状与特点 [J]. 黑龙江水利科技, 2006, 34 (6): 90-91.

[18] Chen J. Y., Adams B. J.. Urban stormwater quality control analysis with detention ponds [J]. Water Environment Research, 2006, 78 (7): 744-753.

[19] Elliott A. H., Trowsdale S. A.. A review of models for low impact urban stormwater drainage [J]. Environment Modelling & Software, 2007, 22 (3): 394-405.

[20] Breen P. F., Mag V., Seymour B. S.. The combination of a flood-retarding basin and a wetland to manage the impact of urban runoff [J]. Water Science and Technology, 1994, 29 (4): 103-109.

[21] Andoh R. Y. G., Declerck C.. A cost effective approach to stormwater management? Source control and distributed storage [J]. Water Science and

Technology, 1997, 36 (8-9): 307-311.

[22] Miguez, M. G., Borba Mascarenhas F. C., Canedo de Magalhaes L. P.. Planning and design of urban flood control measures: Assessing effects combination [J]. Journal of Urban Planning and Development-ASCE, 2009, 135 (3): 100-109.

[23] 刘树坤. 行蓄洪区可持续发展战略探讨 [J]. 自然灾害学报, 1999, 8 (4): 73-79.

[24] 王东胜. 行蓄洪区移民于镇政策与筹资探讨 [J]. 水利学报, 2001 (8): 59-63.

[25] 刘树坤. 淮河流域的可持续发展及行蓄洪区的移民安置 [J]. 水利水电科技进展, 2001, 21 (2): 23-25.

[26] 尚金桂. 水利工程移民安置与城镇化建设 [J]. 江淮水利科技, 2006 (5): 3-4, 13.

[27] 王九大. 基于移民迁建的沿淮行蓄洪区农民权益保障研究 [J]. 农村经济, 2008 (10): 87-89.

[28] 徐超. 洞庭湖蓄滞洪区人口安置研究 [D]. 长沙: 湖南大学, 2009.

[29] 沈和. 我国蓄滞洪区管理制度与政策创新研究 [J]. 水利经济, 2011, 29 (4): 36-40.

[30] 李原园, 文康, 沈福新. 防洪若干重大问题研究 [M]. 北京: 中国水利水电出版社, 2010.

[31] 王海菁. 康山蓄滞洪区避洪转移安置研究 [D]. 南昌: 南昌大学, 2015.

[32] 王再明, 于彦博, 季益柱, 何夕龙. 蓄滞洪区居民临时安置与供给保障机制探讨 [J]. 水利经济, 2016, 34 (5): 75-78.

[33] 詹存卫, 李伟, 郑英彩. 蓄滞洪区可持续发展研究 [J]. 中国人口·资源与环境, 2002, 12 (3): 82-86.

[34] 杨昆. 蓄滞洪区公平发展问题探讨 [J]. 中国水利, 2007 (17): 47-49.

[35] 杜霞. 蓄滞洪区生态补偿研究 [J]. 人民黄河, 2011, 33 (11): 4-6.

[36] 刘定湘, 刘敏. 蓄滞洪区生态补偿若干问题分析 [J]. 水利经济, 2014, 32 (5): 43-45, 54.

[37] 彭贤则, 周子晨. 分蓄洪区生态补偿机制研究: 以洪湖分蓄洪区为例 [J]. 中国矿业, 2015, 24 (S1): 206-209.

[38] 王翔等. 妥善处理蓄滞洪区建设与经济发展的关系——蓄滞洪区经济社会发展状况及扶持政策调研报告 [J]. 中国水利, 2015 (1): 55-57.

[39] 林韬. 湛江蓄滞洪区建设运行与社会稳定风险问题研究 [J]. 广东水利水电, 2017 (1): 15-17, 25.

[40] 袁以美, 陈建生. 蓄滞洪区社会稳定风险模糊层次熵权耦合分析 [J]. 人民黄河, 2018, 40 (12): 62-64, 80.

[41] 沈和. 我国蓄滞洪区管理制度与政策创新研究 [D]. 南京: 河海大学, 2011.

[42] 郎劢贤, 等. 蓄滞洪区管理问题与对策初探——以荆江分洪区与瓦埠湖蓄洪区为例 [J]. 科技资讯, 2015 (31): 107-108.

[43] 毛春梅, 顾洋洋, 于彦博, 杜勇. 淮河流域行蓄洪区运用的风险因素识别 [J]. 水利经济, 2016, 34 (5): 47-81.

[44] 彭贤则, 袁君丽. 洪湖东分块蓄洪区洪水风险管理政策研究 [J]. 特区经济, 2016 (4): 94-97.

[45] 宋豫秦, 张晓蕾. 淮河行蓄洪区湿地化的必要性与可行性探讨 [J]. 人民长江, 2014, 45 (3): 12-15, 28.

[46] 李燕, 曾桂菊, 殷卫国. 淮河行蓄洪区运行管理状况评价 [J]. 治淮, 2014 (4): 40-41.

[47] 盛海峰, 安贵阳, 许钦, 王灵敏, 周芬. 基于层次分析法的蓄滞洪区多目标利用研究——以浙江省嵊州市湛头滞洪区为例 [J]. 人民长江, 2017, 48 (9): 1-5.

[48] 刘永琪, 何永. 关于北京城市排涝问题的探讨 [J]. 城市发展研究, 2012, 19 (1): 4-7.

[49] 于卫红,等. 济南城市综合排涝规划研究 [J]. 规划师, 2012, 28 (8): 93-96.

[50] 杨鸣婵,陈峰,刘光东. 关于北京市蓄滞洪区工程建设与管理规划的思考 [J]. 水利发展研究, 2016 (3): 35-38.

[51] 张桂芳. 胖头泡蓄滞洪区在哈尔滨市防洪体系中的地位与作用 [J]. 黑龙江水利科技, 2016, 44 (7): 177-178.

[52] Ferris E.. Protection and planned relocations in the context of climate change [J]. Un High Commissioner for Refugees, 2012.

[53] Petz, Daniel. Planned relocations in the context of natural disasters and climate change: A review of the literature [J]. Physiological Measurement, 2015, 29 (6): 241-254.

[54] Richmond, A.. The environment and refugees: Theoretical and policy issues [C]. Revised version of a paper presented at the meetings of the international union for the scientific study of population (montreal), 1993 (8).

[55] Elena Correa. Populations at risk of disaster: A resettlement guide [M]. The World Bank: GF DRR, 2011.

[56] Claudianos P., Claudianos P.. Out of Harm's Way: Preventive resettlement of at risk informal settlers in highly disaster-prone areas [J]. Procedia Economics & Finance, 2014, 18 (14): 312-319.

[57] Hu, Zi, Jiang. Preventive resettlement and risk reduction strategy analysis in disaster risk management system [C]. China: Advanced Materials Research, 2014: 2185-2189.

[58] World commission on dams: Dams and cultural heritage management final report [R]. Beijing: Development Center of State Council, 2000: 8.

[59] Cernea M.. The risk and reconstruction model for resettling displaced populations [J]. World Development, 1997, 25 (10): 1569-1587.

[60] DE W.. Development induced displacement: problems, polices and people [M]. Oxford: Berghahn, 2006: 85.

[61] Chan N. W.. Flood disaster management in Malaysia: An evaluation of

the effectiveness of government resettlement schemes [J]. Disaster Prevention and Management, 1995, 4 (4): 22 - 29.

[62] Boustan L. P., Kahn M. E., Rhode P. W.. Moving to higher ground: Migration response to natural disasters in the early twentieth century [J]. The American economic review, 2012, 102 (3): 238 - 244.

[63] Artur L., Hilhorst D.. Floods, resettlement and land access and use in the lower Zambezi, Mozambique [J]. Land Use Policy, 2014, 36 (1): 361 - 368.

[64] Boano, C., Zetter, R. and Morris, T.. Environmentally displaced people: Understanding the linkages between environmental change, livelihood and forced migration, refugee studies centre [R]. University of Oxford, 2007.

[65] Kniveton, D., Schmidt-Verkerk, K., Smith, C. and Black, R.. Climate change and migration: Improving methodologies to estimate flows, migration research series [J]. International Organization for Migration (IOM), 2008: 33.

[66] Correa, Elena (ed). Preventive resettlement of populations at risk of disaster: Experiences from Latin America [J]. Washington: World Bank Publications, 2011.

[67] Okada T., Haynes K., Bird D., et al.. Recovery and resettlement following the 2011 flash flooding in the Lockyer Valley [J]. International Journal of Disaster Risk Reduction, 2014 (8): 20 - 31.

[68] Uscher-Pines, L.. Health effects of relocation following disaster: A systematic review of the literature [J]. Disasters, 2009, 33 (1): 1 - 22.

[69] Phelps P. M.. Safer homes, stronger communities—A handbook for reconstructing after natural disasters [M]. World Bank Publications, 2010: 1 - 370.

[70] Hirano, S.. Learning from urban transitional settlement response in the philippines: Housing, land and property issues [R]. Catholic Relief Services, 2012.

[71] 申欣旺. 灾害移民: 不能忽视的立法空白 [J]. 中国新闻周刊,

2011, 12 (19): 31 – 33.

[72] 施国庆. 灾害移民在中国未受足够重视. 财新网, 2010 – 08 – 13, http://hina.caixin.com/2010 – 08 – 13/100170368.

[73] 徐江, 欧阳自远, 程鸿德, 林庆华. 论环境移民 [J]. 环境科学, 1996 (3): 81 – 86, 96.

[74] 施国庆, 郑瑞强, 周建. 灾害移民的特征、分类及若干问题 [J]. 河海大学学报 (哲学社会科学版), 2009, 11 (1): 20 – 24.

[75] 陈勇. 对灾害与移民问题的初步探讨 [J]. 灾害学, 2009, 24 (2): 138 – 144.

[76] 陈勇, 谭燕, 茆长宝. 山地自然灾害、风险管理与避灾扶贫移民搬迁 [J]. 灾害学, 2013, 28 (2): 136 – 142.

[77] 何得桂, 党国英. 灾害风险视域下避灾移民的迁移机理与现状及对策 [J]. 农业现代化研究, 2014, 35 (3): 299 – 303.

[78] 何得桂, 党国英. 陕南避灾移民搬迁中的社会排斥机制研究 [J]. 社会科学战线, 2012, 35 (12): 163 – 168.

[79] 何得桂, 党国英. 秦巴山集中连片特困地区大规模避灾移民搬迁政策效应提升研究——以陕南为例 [J]. 西北人口, 2015, 36 (6): 99 – 105.

[80] 何得桂. 西部山区避灾移民搬迁政策执行偏差及其影响研究——以陕南为例 [J]. 青海社会科学, 2015 (4): 65 – 74.

[81] 何得桂. 陕南地区大规模避灾移民搬迁的风险及其规避策略 [J]. 农业现代化研究, 2013, 34 (4): 398 – 402.

[82] 国亮, 赤艳玲, 杨博. 陕南贫困地区农户移民搬迁意愿及其影响因素分析 [J]. 湖北社会科学, 2017, 56 (20): 3960 – 3964.

[83] 杨宝国. 精准扶贫视域下陕南避灾扶贫移民的困境与路径 [J]. 安康学院学报, 2018, 30 (2): 86 – 90.

[84] 王海宝, 王应政, 严登才. 三峡库区地质灾害避灾移民迁移风险评价 [J]. 统计与决策, 2016 (5): 65 – 68.

[85] 胡子江, 施国庆, 严登才. 从灾害经济学视角探讨避灾移民及其风险管理策略 [J]. 西部学刊, 2018 (2): 45 – 50.

[86] 魏玮. 生态高危区预防性移民研究 [D]. 济南: 山东师范大学, 2013.

[87] 刘呈庆, 魏玮, 李萱. 生态高危区预防性移民迁移意愿影响因素研究——基于甘肃定西地区4村落的调查 [J]. 中国地质大学学报 (社会科学版), 2015, 15 (6): 22-29.

[88] 唐丽霞, 林志斌, 李小云. 谁迁移了——自愿移民的搬迁对象特征和原因分析 [J]. 农业经济问题, 2005 (4): 38-43.

[89] 覃明兴. 扶贫自愿性移民的迁移决策及主体选择性研究 [J]. 南方人口, 2007, 22 (4): 32-38.

[90] 施国庆, 郑瑞强. 扶贫移民: 一种扶贫工作新思路 [J]. 甘肃行政学院学报, 2010 (4): 68-75, 127-128.

[91] 何得桂, 党国英. 西部山区易地扶贫搬迁政策执行偏差研究——基于陕南的实地调查 [J]. 国家行政学院学报, 2015 (6): 119-123.

[92] 叶青, 苏海. 政策实践与资本重置: 贵州易地扶贫搬迁的经验表达 [J]. 中国农业大学学报 (社会科学版), 2016, 33 (5): 64-70.

[93] 曾小溪, 汪三贵. 易地扶贫搬迁情况分析与思考 [J]. 河海大学学报 (哲学社会科学版), 2017, 19 (2): 60-66, 91.

[94] 李聪. 易地移民搬迁对农户贫困脆弱性的影响——来自陕南山区的证据 [J]. 经济经纬, 2018, 35 (1): 35-40.

[95] 汪磊, 汪霞. 易地扶贫搬迁前后农户生计资本演化及其对增收的贡献度分析——基于贵州省的调查研究 [J]. 探索, 2016 (6): 93-98.

[96] 黎洁. 陕西安康移民搬迁农户生计选择与分工分业的现状与影响因素分析——兼论陕南避灾移民搬迁农户的就地就近城镇化 [J]. 西安交通大学学报 (社会科学版), 2017, 37 (1): 55-63.

[97] 姚树荣, 熊雪锋. 以宅基地有偿退出改革助推易地扶贫——四川省泸县"嘉明模式"分析 [J]. 农村经济, 2017 (2): 21-24.

[98] 侯茂章, 周璟. 湖南省易地扶贫搬迁后续产业发展研究 [J]. 经济地理, 2017, 37 (8): 176-181.

[99] 袁航. 产业发展与易地搬迁扶贫共融共生 [J]. 当代贵州, 2017

(33): 14-15.

[100] Jacob Mincer. Family migration decision [J]. The Journal of Political Economy, 1978 (10): 1-50.

[101] Steven H. Sandell. Women and the economics of family migration [J]. The Review of Economics and Statistics, 1977 (59): 406-414.

[102] 姜海纳. 家庭决策模式研究：回顾与展望 [J]. 现代管理科学, 2018 (8): 49-51.

[103] Nguyen T. D., Belk R. W.. Harmonization processes relational meanings in constructing Asian Weddings [J]. Journal of Consumer Research, 2013, 40 (3): 518-538.

[104] Stark O., Lucas R. E.. Migration, remittances, and the family [J]. Economic Development and Cultural Change, 1988: 465-481.

[105] 蔡昉. 迁移决策中的家庭角色和性别特征 [J]. 人口研究, 1997 (3): 7-13.

[106] 王小璐, 风笑天. 三峡库区待迁移民的搬迁态度及其影响因素 [J]. 市场与人口分析, 2004, 10 (1): 28-34.

[107] 王国辉, 穆怀中. 中国乡城迁移过程分析及发展趋势预测 [J]. 中国人口科学, 2007 (3): 22-30, 95.

[108] 盛亦男. 中国流动人口家庭化迁居决策的个案访谈分析 [J]. 人口与经济, 2014 (4): 65-73.

[109] 程丹, 王兆清, 高富岗, 李富忠. 易地扶贫搬迁背景下农户移民搬迁决策机制研究——基于成本收益理论分析框架 [J]. 天津农业科学, 2015, 21 (3): 24-27.

[110] 马瑞, 徐志刚, 仇焕广, 白军飞. 农村进城就业人员的职业流动、城市变换和家属随同状况及影响因素分析 [J]. 中国农村观察, 2011 (1): 2-9, 19.

[111] 盛亦男. 流动人口家庭迁居的经济决策 [J]. 人口学刊, 2016, 38 (1): 49-60.

[112] 严登才, 施国庆. 人口迁移与适应气候变化：西方争议与中国

实践[J]. 成都理工大学学报（社会科学版），2017，25（1）：69-76.

[113] 周君璧. 易地扶贫搬迁中的农户搬迁决策——以陕南山区为例[J]. 南京：河海大学，2018.

[114] Black R., Adger W. N., Arnell N. W., et al.. The effect of environmental change on human migration [J]. Global Environmental Change-Human and Policy Dimensions, 2011, 21: S3-S11.

[115] De Groot C., Mulder C. H., Manting D.. Intentions to move and actual moving behavior in the Netherlands [J]. Housing Studies, 2011, 26(3): 307-328.

[116] Van Dalen H., Henkens K.. Explaining emigration intentions and behavior in the Netherlands, 2005-10 [J]. Population Studies, 2013, 67(2): 225-241.

[117] G. Castillo. Family and household: The microworld of the filipino [Z]. Department of Sociology Anthropology, 1991: 103-13.

[118] Chan, N. W.. Choice and constraints in floodplain occupation: The influence of structural factors on residential location in Peninsular Malaysia [J]. Disasters, 1995, 19 (4): 287-307.

[119] 袁霓. 家庭迁移决策分析——基于中国农村的证据[J]. 人口与经济，2008（6）：15-26.

[120] 董翀. 内蒙古中部生态移民村移民留守意愿影响因素的实证分析[J]. 内蒙古财经学院学报，2008（6）：37-40.

[121] 周皓. 中国人口迁移的家庭化趋势及影响因素分析[J]. 人口研究，2004（6）：60-69.

[122] 唐勇智. 丹江口库区农村待迁移民搬迁意愿分析[J]. 中国人口·资源与环境，2010，20（5）：57-63.

[123] 唐宏，张新焕，杨德刚. 农户生态移民意愿及影响因素研究——基于新疆三工河流域的农户调查[J]. 自然资源学报，2011，26（10）：1658-1669.

[124] 时鹏，余劲. 农户生态移民意愿及影响因素研究——以陕西省

安康市为例 [J]. 中国农业大学学报（社会科学版），2013，18（1）：218-228.

[125] 冯雪红，聂君. 宁夏回族生态移民迁移意愿与迁移行为调查分析 [J]. 兰州大学学报，2013，41（6）：53-59.

[126] 王珊，张安录. 三峡工程生态屏障区农户搬迁意愿影响因素分析——以重庆市××县为例 [J]. 国土资源科技管理，2010，27（3）：32-38.

[127] 姜冬梅. 草原牧区生态移民研究 [D]. 西安：西北农林科技大学，2012.

[128] 汤榕，张闽剑，李吴萍，许静怡，罗桥. 宁夏生态移民迁徙意愿性影响因素研究 [J]. 宁夏医科大学学报，2014，36（8）：883-885.

[129] 聂鑫，汪晗，郭洁雯，等. 微观福利视角下的库区移民搬迁意愿调查 [J]. 中国人口·资源与环境，2010，20（9）：159-164.

[130] 杨俊，张婷皮美，向华丽. 人口环境迁移的国内外研究进展 [J]. 西北人口，2017，38（3）：1-10.

[131] 何得桂，廖白平. 机遇与挑战：西部地区开展避灾移民的SWOT态势分析 [J]. 灾害学，2014，29（2）：95-101.

[132] Gardner, R. W.. Macrolevel influences on the migration decision process [A]. In: G. F. De Jong, R. W. Gardner (eds.). Migration decision making: Multidisciplinary approaches to microlevel studies in developed and developing countries [M]. New York: Pergamon Press, 1981: 59-89.

[133] Slovic, P.. Perception of risk [J]. Science, 1987 (236): 280-285.

[134] Maxmillan Martin, Motasim Billah, Tasneem Siddiqui, Chowdhury Abrar, Richard Black, Dominic Kniveton. Climate-related migration in rural Bangladesh: A behavioural model [J]. Population and Environment, 2014 (36): 85-110.

[135] Carr D. L.. Migration to the maya biosphere reserve, guatemala: Why place matters [J]. Human Organization, 2008, 67 (1): 37-48.

[136] Renaud, F., Dun, O., Warner, K., Bogardi, J.. A decision framework for environmentally induced migration [J]. International Migration,

2011: 5-29.

［137］Wolpert, J.. Migration as an adjustment to environmental stress［J］. Journal of Social Issues, 1966, 22 (4): 92-102.

［138］Gutmann, Myron P. and Field, Vincenzo. Katrina in historical context: Environment and migration in the U. S.［J］. Population and Environment, 2010, 31 (1/3): 3-19.

［139］陈秋红. 环境因素对人口迁移的作用机制分析［J］. 中国农村观察, 2015 (3): 87-95.

［140］Finch C.. Disaster disparities and differential recovery in New Orleans［J］. Population and Environment, 2010 (31): 179-202.

［141］郑艳. 环境移民：概念辨析，理论基础及政策含义［J］. 中国人口·资源与环境, 2013, 23 (4): 96-103.

［142］朱乾宇，司庆扬，周振. 基于有序Logit模型的农村人口自愿转移意愿研究——三峡生态屏障区的实证分析［J］. 经济理论与经济管理, 2012 (11): 104-112.

［143］聂鑫，汪晗，郭洁雯，等. 微观福利视角下的库区移民搬迁意愿调查［J］. 中国人口·资源与环境, 2010, 20 (9): 159-164.

［144］严登才，施国庆. 人口迁移与适应气候变化：西方争议与中国实践［J］. 成都理工大学学报（社会科学版）, 2017, 25 (1): 69-76.

［145］Portes A.. Economic sociology and the sociology of immigration: A conceptual overview［A］. In: Portes A. (eds.). The economic sociology of immigration: Essays on networks, ethnicity and entrepreneurship［C］. New York: Russell Sage Foundation, 1995: 12-15.

［146］Massey D. S., Goldring L. P. and Durand J.. Continuities in transnational migration: An analysis of 19 Mexican communities［J］. American Journal of Sociology, 1994 (99): 1492-1533.

［147］Haas H. D., Fokkema T.. The effects of integration and transnational ties on international return migration intentions［J］. Demographic Research, 2011, 25 (24): 755-782.

[148] Ryan L.. Migrants' social networks and weak ties: Accessing resources and constructing relationships post-migration [J]. Sociological Review, 2011, 59 (4): 707 - 724.

[149] Sun W., Zong G., Scott J., et al.. Rural-urban migration decision making processes: A whole and personal support network analysis [J]. International Journal of Information & Decision Sciences, 2013, 5 (3): 312 - 330.

[150] Hiwatari M.. Social networks and migration decisions: The influence of peer effects in rural households in Central Asia [J]. Journal of Comparative Economics, 2016, 44 (4): 1115 - 1131.

[151] 尤小文. 农户: 一个概念的探讨 [J]. 中国农村观察, 1999 (5): 19 - 21.

[152] 李小建. 经济地理学中的农户研究 [J]. 人文地理, 2005 (3): 1 - 5.

[153] 胡豹. 农业结构调整中农户决策行为研究 [D]. 杭州: 浙江大学, 2004.

[154] 刘志飞. 农户生计资产对土地利用的作用研究——以贵州省遵义市为例 [D]. 南昌: 江西财经大学, 2015.

[155] 田国强. 激励, 信息与经济机制 [M]. 北京: 北京大学出版社, 2000.

[156] Jean-Jacques Laffont & David Martimort. 激励理论: 委托代理模型 [M]. 北京: 中国人民大学出版社, 2002.

[157] 罗倩文. 我国农民合作经济组织内部合作行为及激励机制研究 [D]. 重庆: 西南大学, 2009.

[158] 郭杰, 韩文静, 欧名豪. 政府激励对农村居民点整理的农户意愿影响研究 [J]. 南京农业大学学报, 2015, 15 (4): 114 - 121.

[159] 张维迎. 产权, 激励与公司治理 [M]. 北京: 经济科学出版社, 2005.

[160] 冯铁龙. 工业园区技术创新的扩散及其激励机制研究 [D]. 重庆: 重庆大学, 2007.

[161] 程伟, 陈遇春. 多重理论视角下农民工的返乡创业行为研究 [J]. 中州学刊, 2011 (1): 71-74.

[162] Bogue D. J.. Internal migration [A]. In: P. Hauser, O. D. Duncan (eds.). The Study of Population [C]. Chicago: University of Chicago Press, 1959: 486-509.

[163] Lee E. S.. A theory of migration [J]. Demography, 1966, 3 (1): 47-57.

[164] 程名望, 史清华, 徐剑侠. 中国农村劳动力转移动因与障碍的一种解释 [J]. 经济研究, 2006 (4): 68-78.

[165] 杨文选, 张晓艳. 国外农村劳动力迁移理论的演变与发展 [J]. 经济问题, 2007 (6): 18-21.

[166] Stark O. and O. E. Bloom. The new economics of labor migration [J]. American Economic Review, 1985 (75): 173-178.

[167] World commission on dams. Dams and cultural heritage management final report [M]. Beijing: Development Center of state Council, 2000, 8.

[168] Wolpert, Julian. The decision process in spatial context [J]. Annals of the Association of American Geographers, 1964, 54 (4).

[169] Paul White, Robert Woods. The geographical impact of migration [M]. Longman Group Limited, 1980: 7-12.

[170] Lewis, G. J.. Human migration [M]. Croom Helm Ltd, 1982: 129-133.

[171] Wolpert, J.. Migration as an adjustment to environmental stress [J]. Journal of Social Issues, 1966 (22): 92-102.

[172] Speare, A.. Residential satisfaction as an interviewing variable in residential mobility [J]. Demography, 1974 (11): 173-88.

[173] [美] 赫伯特·西蒙. 管理决策新科学 [M]. 北京: 中国社会科学出版社, 1997: 36.

[174] Kahneman D., Tversky A.. Prospect theory: An analysis of decision under risk title [J]. Econometrica, 1979, 47 (2): 263-291.

[175] 李华, 胡奇英. 预测与决策教程 [M]. 北京: 机械工业出版社, 2012.

[176] 高鸿业. 西方经济学（微观部分）第五版 [M]. 北京: 人民大学出版社, 2011.

[177] 陈平. 安徽省淮河流域行蓄洪区安全建设回顾与建议 [J]. 江淮水利科技, 2012 (6): 5-6.

[178] 张彬. 利益均衡下的蓄滞洪区运用机制构建 [J]. 人民黄河, 2010, 32 (3): 6-9.

[179] 马水山, 荣凤聪, 廖小永. 全面提升长江防洪能力的思考 [J]. 人民长江, 2017, 48 (4): 81-84.

[180] 李燕, 徐迎春. 淮河行蓄洪区和易涝洼地水灾防治实践与探索 [M]. 北京: 中国水利水电出版社, 2013.

[181] 王永群. 行蓄洪区的"王家坝"答案 [N]. 中国经济时报, 2016-07-12 (007).

[182] 胡子江. 滑坡地质灾害避灾移民管理研究——以三峡库区为例 [D]. 南京: 河海大学, 2015.

[183] 董春宇. 沿淮行蓄洪区移民迁建政策亟待改善 [N]. 2015-02-09 (06).

[184] 郝庆升. 论农业机械化发展的动力机制 [J]. 农业现代化研究, 2001, 22 (1): 51-54.

[185] Bakke, E, W.. The human resources function [M]. New Haven: Yale Labor Management Cemer, 1958: 8-200.

[186] 姜冬梅. 草原牧区生态移民研究 [D]. 西安: 西北农林科技大学, 2012.

[187] 田阡, 李虎. 人往低处迁: 武陵山区土家族自愿搬迁移民的理性选择——基于重庆石柱县汪龙村的调查 [J]. 思想战线, 2015 (5): 17-22.

[188] 隋艺, 陈绍军. 生态移民行为选择及其演化——以青海省德令哈市生态移民村为例 [J]. 2016, 27 (1): 77-81.

[189] 孙振涛, 杜丹. 态度机制研究的新视角 [J]. 社会心理科学,

2013（3）：19-25.

［190］Vanclay F.. Conceptualising social impacts［J］. Environmental Impact Assessment Review, 2002, 22（3）：183-211.

［191］Crano, W. D., Prislin, R.. Attitudes and persuasion［J］. Annual Review of Psychology, 2006, 57：345-374.

［192］刘克春. 农户农地流转决策行为研究——以江西省为例［D］. 杭州：浙江大学, 2006.

［193］［美］戴维·迈尔斯. 社会心理学（8版）［M］. 侯玉波, 乐国安, 张智勇, 等译. 北京：人民邮电出版社, 2006：97-98.

［194］Baron R. A., Byrnt D., Suls J.. Exploring social psychology［M］. Allyn and Bacon, 1988：9-82.

［195］Vargas-Sanchez A., Valle P. O. D., Mendes J. D. C., et al.. Residents' attitude and level of destination development: An international comparison［J］. Tourism Management, 2015：199-210.

［196］Upmeyer A., Six B., et al.. Attitudes and behavioral decisions［M］. New York: Springer-Verlag, 1989.

［197］Bergevoet R. H. M., Ondersteijn C. J. M. & Saatkamp H. W., et al.. Behaviour of dutch reurial dairy farmers under a milk quota system: goals, objectives and attitudes［J］. Agricultural Systems, 2004（80）：1-21.

［198］Fishbein M., Ajzen I.. Belief, attitude, intention and behavior［M］. New Jersey: Addison-Wesley, 1975.

［199］Ajzen I.. The theory of planned behavior［J］. Research in Nursing &Health, 1991, 14（2）：137.

［200］Skitka L. G., Bauman C. W., Sargis E. G.. Moral Conviction: Another Contributor to Attitude Strength or Something More?［J］. Journal of Personality and Social Psychology, 2005, 88（6）：895-917.

［201］严登才, 施国庆, 伊庆山. 三峡库区农村人口梯度转移理论与实践——以开县为例［J］. 西北人口, 2012, 33（5）：64-68.

［202］陶传进. 工程移民搬迁动力分析框架［J］. 社会学研究, 2000

(6): 105 - 111.

[203] 孔祥智. 中国农家经济审视 [M]. 北京: 中国农业科技出版社, 1999.

[204] 柯水发. 农户参与退耕还林行为理论与实证研究 [D]. 北京: 北京林业大学, 2007.

[205] 王茂福. 水库移民返迁——水库移民稳定问题研究 [M]. 武汉: 华中科技大学出版社, 2007: 231.

[206] 李启宇, 张秀文. 城乡统筹背景下农户农地经营权流转意愿及其影响因素分析: 基于成渝地区 428 户农户的调查数据 [J]. 农业技术经济, 2010 (5): 47 - 54.

[207] 王珞, 骆永菊, 王顺克. 三峡库区外迁农村移民适应性研究——基于 9 个省份 983 户移民样本的实证分析 [J]. 地域研究与开发, 2016, 35 (1): 168 - 173.

[208] 赵丹, 黄莉鳗. 失地农民生活满意度及影响因素 [J]. 西北农林科技大学学报 (社会科学版), 2014 (3): 83 - 90.

[209] Damodar N. Gujarati. 计量经济学基础 [M]. 北京: 中国人民大学出版社, 2007 (321): 481 - 482.

[210] 刘同山, 牛立腾. 农户分化, 土地退出意愿与农民的选择偏好 [J]. 中国人口·资源与环境, 2014, 24 (6): 114 - 120.

[211] 陈振, 郭杰, 欧名豪. 资本下乡过程中农户风险认知对土地转出意愿的影响研究——基于安徽省 526 份农户调研问卷的实证 [J]. 南京农业大学学报 (社会科学出版社), 2018, 18 (2): 129 - 137.

[212] Rustam, R.. Effect of integrated pest management farmer field school on farmer's knowledge, farmers groups' ability, process of adoption and diffusion of IPM in Jember district [J]. Journal of Agricultural Extension and Rural Development, 2010, 2 (2): 29 - 35.

[213] Birch, E., Begg, G. S., Squire, G. R.. How agro-ecological research helps to address food security issues under IPM and pesticide reduction Journal policies for global production systems [J]. Journal of Experimental Bota-

ny, 2011, 62 (10): 3251-3261.

[214] 曹光乔, 周力, 易中郭, 等. 农业机械购置补贴对农户购机行为的影响——基于江苏省水稻植业的实证分析 [J]. 中国农村经济, 2010 (6): 38-48.

[215] 尚雨. 基于社会经济视角的农户土地流转影响因素与效率研究 [D]. 长沙: 湖南农业大学, 2012.

[216] 文军. 从生存理性到社会理性选择: 当代中国农民外出就业动因的社会学分析 [J]. 社会学研究, 2001 (6): 19-30.

[217] 熊波, 石人炳. 农民工永久性迁移意愿影响因素分析——以理性选择理论为视角 [J]. 人口与发展, 2009 (2): 20-26.

[218] 刘程. 流动人口的永久迁移意愿及其决定机制 [J]. 华南农业大学学报, 2018, 17 (3): 62-72.

[219] 李小建, 时慧娜. 基于农户视角的农区发展研究 [J]. 人文地理, 2008 (1): 1-6.

[220] Joyce Willock, Ian J. Deary, Murray M. McGregor, etc. Farmers' Attitudes, Objectives, Behaviors, and Personality Traits: the Edinburgh Study of Decision Making on Farms Original Research Article [J]. Journal of Vocational Behavior, 1999, 54 (1): 5-36.

[221] 左萍. 黄河下游滩区附加洪水风险损失补偿研究 [D]. 南京: 河海大学, 2007.

[222] 张毅, 游达明. 科技型企业员工创新意愿影响因素的实证研究——基于TPB视角 [J]. 南开管理评论, 2014, 17 (4): 110-119.

[223] Ajzen I.. The theory of planned behavior [J]. Organizational Behavior and Human Decision Process, 1991, 50 (2): 179-211.

[224] 王建明. 资源节约意识对资源节约行为的影响——中国文化背景下一个交互效应和调节效应模型 [J]. 管理世界, 2013 (8): 77-90.

[225] 侯博, 应瑞瑶. 分散农户低碳生产行为决策研究——基于TPB和SEM的实证分析 [J]. 农业技术经济, 2015 (2): 4-13.

[226] Bansal, H., Taylor, S.. Investigating interactive effects in the theory

of planned behavior in a service-provided switching context [J]. Psychology & Marketing, 2002, 19 (5): 407 - 425.

[227] Ajzen, I.. Perceived behavioral control, self-efficacy, locus of control, and the theory of planned behavior [J]. Journal of Applied Social Psychology, 2002, 32 (4): 665 - 668.

[228] George, J. F.. The theory of planned behavior and internet purchasing [J]. Internet Research, 2004, 14 (3): 198 - 212.

[229] Bailey, A.. Retail employee theft: A theory of planned behavior perspective [J]. International Journal of Retail & Distribution Management, 2006, 34 (11): 802 - 816.

[230] Fielding K. S., Terry D. J., Masser B. M.. Explaining landholders' decisions about riparian zone management: The role of behavioral, normative and control beliefs [J]. Journal of Environmental Management, 2005, 77 (1): 12 - 21.

[231] George, J.. The theory of planned behavior and internet purchasing [J]. Internet Research, 2004, 14 (3): 198 - 212.

[232] 张锦, 郑全全. 计划行为理论的发展完善与应用 [J]. 人类工效学, 2012, 18 (1): 77 - 81.

[233] 姚增福, 郑少锋. 种植大户生产行为意愿影响因素分析——基于 TPB 理论和黑龙江省 378 户微观调查数据 [J]. 农业技术经济, 2010 (8): 27 - 33.

[234] 甘臣林, 谭永海, 陈璐, 等. 基于 TPB 框架的农户认知对农地转出意愿的影响 [J]. 中国人口·资源与环境, 2018, 28 (5): 152 - 159.

[235] 张董敏, 等. 农户两型农业认知对行为响应的作用机制——基于 TPB 和多群组 SEM 的实证研究 [J]. 资源科学, 2015, 37 (7): 1482 - 1490.

[236] 肖开红, 王小魁. 基于 TPB 模型的规模农户参与农产品质量追溯的行为机理研究 [J]. 科技管理研究, 2017 (2): 249 - 254.

[237] 虞小强, 陈宗兴, 霍学喜. 基于 Logistic 模型的农户永久性迁移意愿统计研究 [J]. 统计与决策, 2011 (24): 77 - 78.

[238] 施国庆,周君璧. 西部山区农民易地扶贫搬迁意愿的影响因素 [J]. 河海大学学报(哲学社会科学版), 2018, 20 (2): 23–31.

[239] 王卫东. 结构方程模型原理与应用 [M]. 北京:中国人民大学出版社, 2010.

[240] 王桂芝,都娟,曹杰,刘寿东. 基于SEM的气象服务公众满意度测评模型 [J]. 数理统计与管理, 2011 (3): 522–530.

[241] 高文杰,高旭. 基于SEM的中国重要城市现代化水平综合评价模型研究 [J]. 数学的实践与认识, 2010, 40 (18): 56–64.

[242] 吴明隆. 结构方程模型:AMOS的操作与应用 [M]. 重庆:重庆大学出版社, 2010: 24–26.

[243] 陈纪波,王桂芝,陆金帅,李洁. 基于SEM模型的流动人口迁移意愿研究 [J]. 统计与信息论坛, 2013, 28 (10): 90–94.

[244] 陈昭玖,胡雯. 人力资本、地缘特征与农民工市民化意愿——基于结构方程模型的实证分析 [J]. 农业技术经济, 2016 (1): 37–47.

[245] 孔祥智,方松海,庞晓鹏,马九杰. 西部地区农户禀赋对农业技术采纳的影响分析 [J]. 经济研究, 2004 (12): 85–95, 122.

[246] 石智雷,杨云彦. 家庭禀赋,家庭决策与农村迁移劳动力回流 [J]. 社会学研究, 2012 (3): 157–181.

[247] 乐章,刘二鹏. 家庭禀赋,社会福利与农村老年贫困研究 [J]. 农业经济问题, 2016 (8): 63–73.

[248] [美] C. J. 巴纳德. 经理人员的职能 [M]. 北京:中国社会科学出版社, 1997.

[249] Simon H.. The new science of management decision [M]. New York: Harper and Row, 1960.

[250] Berger M. C., Blomquist G. C.. Mobility and destination in migration decisions: The roles of earnings, quality of life, and housing prices [J]. Journal of Housing Economics, 1992, 2 (1): 37–59.

[251] Everret Lee. A theory of migration [M]. Demography, 1966 (3): 47–57.

[252] Wolpert J.. Migration as an adjustment to environmental stress [J]. Journal of Social Issues, 1966, 22 (4): 92-102.

[253] 黎莉莉, 秦富. 高山贫困地区生态移民决策行为及影响因素分析——基于重庆市的调查数据 [J]. 贵州社会科学, 2015 (1): 163-168.

[254] Rossi P. H.. Why families moves [M]. New York: Free Press, 1955.

[255] 季燕霞. 我国地方政府间竞争的博弈论分析 [J]. 江汉论坛, 2004 (11): 41-44.

[256] 宋辉. 农地流转中农户、村委会、政府行为研究——基于襄阳市农户的实证调查 [D]. 武汉: 华中农业大学, 2013.

[257] 孙蕾. 重大基础工程引发的利益冲突与治理机制研究 [J]. 管理工程学报, 2016, 30 (1): 34-42.

[258] 王才章. 移民安置中农民与基层政府的行动逻辑 [J]. 湖南农业大学学报 (社会科学版), 2015, 16 (6): 46-51.

[259] 张丽凤, 吕赞. 中国农地非农化中的中央与地方政府博弈行为分析 [J]. 农业经济问题, 2012 (10): 51-56.

[260] 刘冬梅. 农村反贫困中的三方博弈 [J]. 中国经济快讯, 2002 (35): 6-8.

[261] 张小明, 赵常兴. 诱导式生态移民的决策过程和决策因素分析 [J]. 环境科学与管理, 2008, 33 (5): 180-185.

[262] 成生权, 吴丽娜, 马增辉. 农村宅基地退出补偿机制的博弈论分析 [J]. 西安科技大学学报, 2013, 33 (4): 499-504.

[263] 邸斐斐. 政府部门激励机制存在问题及对策研究 [J]. 吕梁教育学院学报, 2015, 32 (4): 19-21.

[264] 陈小燕, 冉旺. 公众参与农村生活垃圾治理的法治保障研究 [J]. 江汉大学学报 (社会科学版), 2016, 33 (4): 35-40.

[265] 王静. 城镇化进程中农民利益表达机制的构建 [J]. 嘉兴学院学报, 2016, 28 (3): 84-88.

[266] [法] 霍尔巴赫. 自然的体系: 上卷 [M]. 管士滨, 译. 北京: 商务印书馆, 1964: 260.

[267] [美] 约翰·克莱顿·托马斯. 公共决策中的公民参与 [M]. 孙柏瑛, 译. 北京: 中国人民大学出版社, 2010: 37-40.

[268] 董成. 论利益表达机制及其功效 [J]. 湖南社会科学, 2007 (5): 196-198.

[269] 吴九兴, 杨钢桥. 农地整理项目实施中的农民利益表达机制现状研究 [J]. 华中农业大学学报 (社会科学版), 2014 (3): 117-124.

[270] 应星. 草根动员与农民群体利益的表达机制——四个个案的比较研究 [J]. 社会学研究, 2007, 22 (2): 1-23.

[271] 刘成兴, 邓国彬. 协商治理视阈下失地农民利益诉求表达机制研究 [J]. 吉林工商学院学报, 2018, 34 (1): 104-107.

[272] 李禄胜. 生态安全视域下区域人口迁移与经济社会发展——对新一轮西部大开发期间宁夏生态移民安置的思考 [J]. 宁夏社会科学, 2011 (6): 45-49.

[273] 郑金英. 菌草技术采用行为及其激励机制研究 [D]. 福州: 福建农林大学, 2012.

[274] 左萍, 杨建设, 焦莉莉, 朱天舒. 黄河下游滩区居民外迁可行性分析 [J]. 人民黄河, 2011 (10): 11-13.

[275] 邸斐斐. 政府部门激励机制存在问题及对策研究 [J]. 吕梁教育学院学报, 2015, 32 (4): 19-21.

[276] 唐志远. 公共文化服务与科技融合发展的政策激励机制研究 [D]. 湘潭: 湘潭大学, 2018.

[277] 贺东航, 孔繁斌. 公共政策执行的中国经验 [J]. 中国社会科学, 2011, 32 (5): 61-79.

[278] 李培林, 王晓毅. 生态移民与发展转型——宁夏移民与扶贫研究 [M]. 北京: 社会科学文献出版社, 2013.

[279] 曾涛. 湿地防洪与发展模式研究河海大学 [D]. 南京: 河海大学, 2005.

[280] 何得桂, 李卓. 陕南地区避灾移民搬迁的价值与困境分析 [J]. 科学·经济·社会, 2013, 31 (3): 73-76.